なぜ科学が豊かさにつながらないのか？

矢野誠・中澤正彦［編著］

慶應義塾大学出版会

はしがき

矢野　誠
（京都大学経済研究所教授、附属先端政策分析研究センター長）

中澤正彦
（京都大学経済研究所附属先端政策分析研究センター准教授）

一九九〇年代初頭にバブルが崩壊して以来、我が国の経済は四半世紀に及ぶ長期停滞に陥っています。少子高齢化、財政破綻、年金不安といった言葉の氾濫を見ると、自分たちだけでなく、子どもたちの将来の生活まで、深刻な不安を感じます。他方、京都大学で教育や研究活動に従事していると、わくわくするような新しい科学技術が日々開発されているのを目の当たりにすることができます。

躍動する科学技術の進歩と暮らしの先行きの不安。相反する二つの世界を見ているうちに行き着いたのが、本書のタイトルに掲げた「なぜ科学が豊かさにつながらないのか」という疑問です。本来、人々の生活の向上は科学技術の進歩によってもたらされます。一八世紀の産業革命を通じて、人類は中世の世界から抜け出し、新しい時代を築くことに成功しました。我が国が長期停滞に悩まされ続けてきたのと同じ時期に、欧米諸国はＩＴ革命の結果、大幅な成長を遂げました。なぜ、バブル後の我が国はそのような技術進歩の恩恵を受けられなかったのでしょうか。

この問題に経済学者の立場から光を当て、我が国が豊かな社会を築いていく道筋を明らかにするのが本書の目的です。本書の基礎をなす「明るく楽しい少子高齢化社会への道筋」と題した連続シンポジウムも、まったく同じ問題意識のもとで企画されました。

本書も連続シンポジウムも、科学研究費特別推進研究「経済危機と社会インフラの複雑系分析」（研究代表者・矢野誠）の活動の一環です。この研究は、東日本大震災後の経済危機を乗り切り、科学技術を豊かさにつなぐ道筋を明らかにしようとすることを目指してきました。本書では、そうした活動から生まれた高度に専門的な研究成果を一般の方々にわかりやすくご説明することを目指しています。

本書には、特別推進研究やシンポジウムを通じ、大勢の方々と議論を深めてきた成果が反映されています。特別推進研究を通じ研究に協力してくださっている方々、シンポジウムでの登壇者、そしてご来場くださった大勢の出席者の皆様には、この場を借りて、深くお礼を申し上げます。

また、シンポジウムや特別推進研究の運営に際しては、京都大学経済研究所のスタッフの方々にたくさん協力していただきました。特に、私たちの活動の全般にわたる企画・運営では、田宮すみ恵さんに本当にお世話になりました。本書のそれぞれのお話は連続シンポジウムの登壇者の方々の講演記録に基づいています。本書の作成にあたり、編集を担当してくださった慶應義塾大学出版会の木内鉄也さんと京都大学経済研究所の寺下美香さんに講演記録から草稿を作っていただき、編者が中心となって書物にまとめました。本書が上梓できるのは、こうした方々のお力ぞえのおかげと思い、深い感謝をささげます。

経済と同様、私たちの研究も終わりのないものです。これからも継続して、市場高質化による豊かさの形成、それに向けた理系・文系諸分野との連携など、本書でお話しするテーマを深めていきたいと考えていますので、今後とも、よろしくお願いいたします。

二〇一五年三月吉日　　編者

目次

〈各話の扉に記載された所属・肩書きは、シンポジウム当時のものです。
本書刊行時の所属・肩書きは、巻末の執筆者紹介をご覧ください。〉

イントロダクション

科学技術を豊かさにつなげよう

矢野　誠
（京都大学経済研究所教授、附属先端政策分析研究センター長）

中澤正彦
（京都大学経済研究所附属先端政策分析研究センター准教授）

1　危機に直面する日本経済

今の日本人は、経済面において、自分たちの持つ潜在能力を活かし切れていません。自らの持つ科学技術を有効利用できていないと言うこともできます。その結果、経済は停滞し、一人一人の生活も苦しくなりつつあるようです。

では、なぜ、日本では科学技術が豊かさにつながらないのでしょうか。この疑問に答え、今世紀を通じて明るく豊かな生活を送れる社会を作るには何をすべきかを考えようというのが本書の目的です。

その前に、まず、「豊かではないとはどういう意味なのか」という疑問にお答えしたいと思います。また、それがなぜ、科学技術と関係していると考えるのかについてもご説明しなくてはなりません。

◆豊かさを失った日本

今、我が国には、明るい未来像が描けない、うつむきがちな社会が形成されようとしています。図表0-1にある生命保険文化センターの老後に関する調査を見てください。この調査によれば、老後に今よりもつつましい生活を送らざるをえないと考える人たちが、ここ二〇年で急速に増加しています。今よりもつつましい生活しか送れないと考える人の割合は一九九三年に

図表 0-1　老後の生活に関する人々の見方

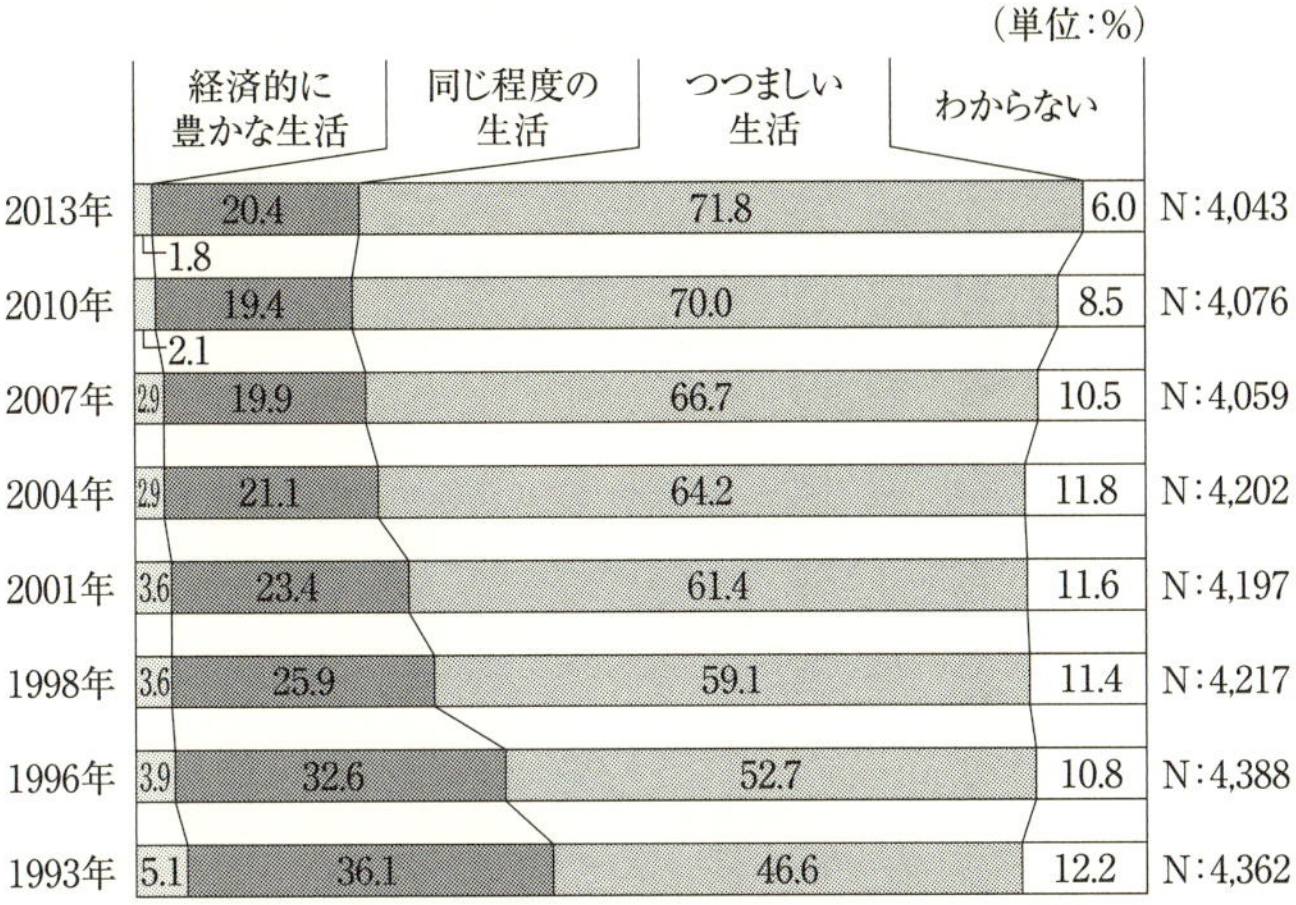

出所：生命保険文化センター「平成25年度 生活保障に関する調査（速報版）」図表Ⅲ－3。

は四六・六％だったのが、二〇一三年には七一・八％に増加してしまいました。他方、同程度以上の生活を送れると思う人の割合は四一・二％から二二・二％に減少しています。

このように、将来に暗い見通しを持つ社会は豊かとは言えません。それが、今、私たちが豊かな暮らしを送れていないと考える最大の原因です。ハーバード大学のエズラ・F・ヴォーゲルによって『ジャパンアズナンバーワン』（ナンバーワンとしての日本という意味。ティービーエス・ブリタニカ）という書物が書かれた三五年前の活気に満ちた日本はどこに行ってしまったのでしょうか。

◆アジアでも遅れをとりつつある経済

現在、日本経済は他のアジア経済にも遅れをとりつつあります。今では、アジアの金融の中心は東京から香港・シンガポールに移っ

図表 0-2　危機に直面する日本経済 —— 基幹航路の寄港便数の比較

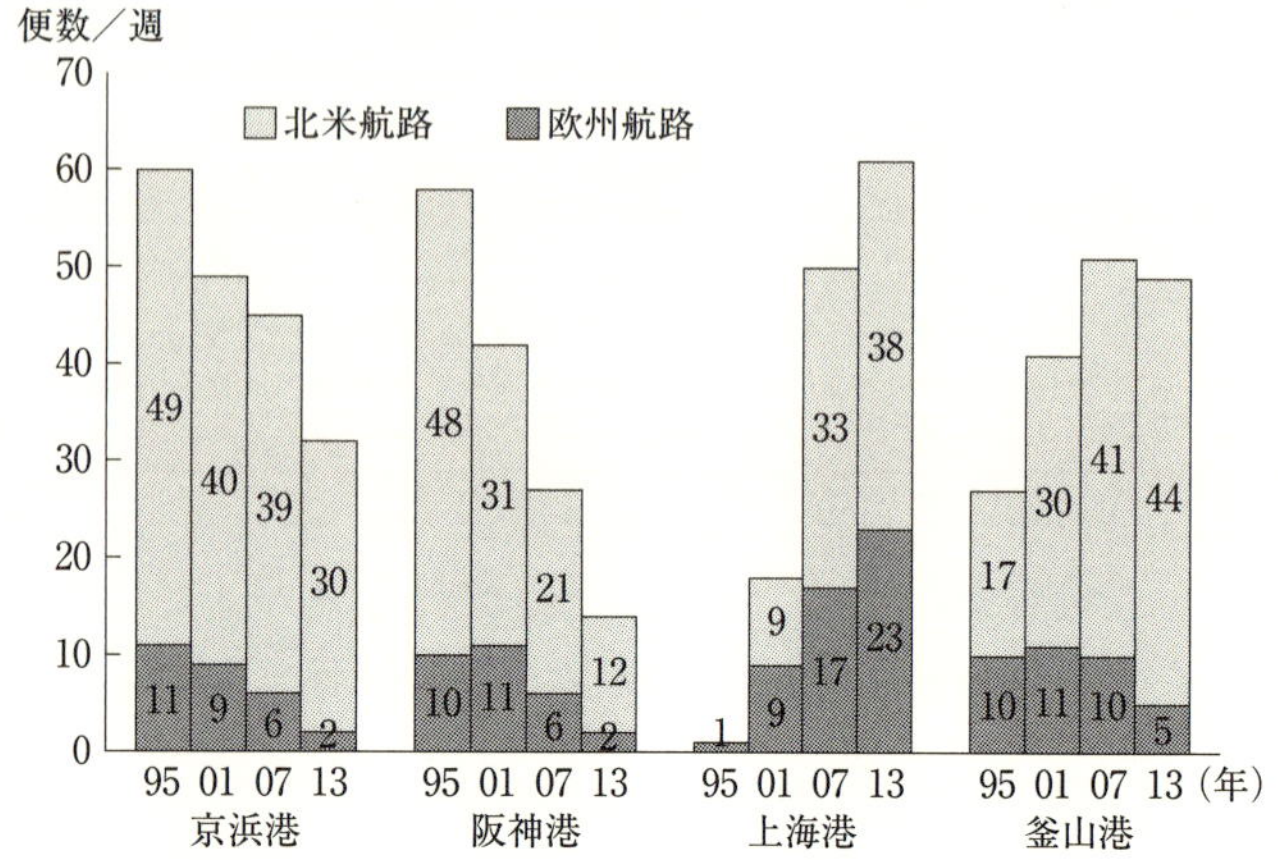

出所：国土交通省資料。

てしまいました。海外の大手金融機関のなかには、シティバンクや香港上海銀行の個人金融部門のように日本から撤退するものも出てきています。

また、アジアの港湾の主導的立場も明け渡してしまいました。図表0-2を見ればお分かりいただけるように、北米航路についても欧州航路についても、京浜港、阪神港ともに、一九九五年以来、急速に寄港便数が減少し、上海港や釜山港に中心的地位をとって代わられています。

さらに、国際的な大学格付け機関であるトムソン・ロイター社の大学ランキング調査で一〇〇位以内に入る大学は、シンガポールも、香港も、日本も、二つで同数です。日本の人口が一億二七〇〇万人であるのに対し、シンガポールの人口が五四〇万人、香港の人口が七一九万人にすぎないことを考えると、大学人

図表0-3　危機に直面する日本経済
——1人当たりGDPの3カ国比較（PPPベース）

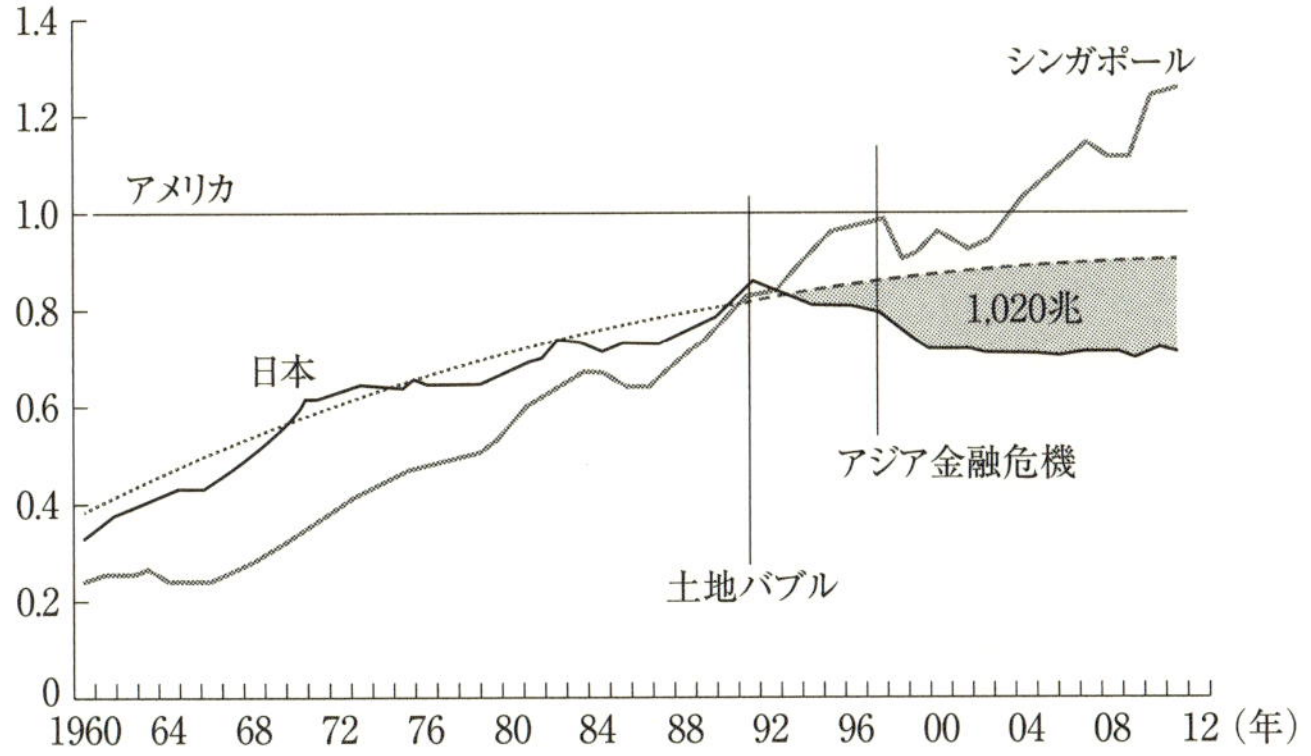

出所：セントルイス連邦準備銀行資料（http://research.stlouisfed.org/fred2/）より作成。

として、非常に由々しきことに感じます。

◆巨額損失を生んだバブル後の長期停滞

日本経済が今のように活気を失ってしまった直接のきっかけは、一九八〇年代末の土地バブルです。一九九〇年にバブルが崩壊した後、日本経済は継続的な停滞を続けています。この長期停滞の結果、現在は、アジア経済を牽引するリーダーとしての地位も失いつつあります。

図表0‐3をご覧ください。この図は一人当たりGDPの推移を比較したもので、アメリカを一としたときのシンガポールと日本のレベルを示しています。この図は、購買力平価と呼ばれる各国間でのモノの値段の違いを調整した後のGDPの比較に基づいています（たとえば、生活に使われる標準的な品物を詰め合わせた一つのバスケットをアメリカと日本で購入したとき、同じ値段で買えるようにドルと円の為替レー

トを調整した後の為替レートのことです）。

日本の一人当たりGDPは、アメリカ一に対して、戦後の〇・三ぐらいから一九六〇年代の成長を経て、バブル期に九割程度まで上昇しました。しかしバブル崩壊後に低迷し、七〇％前後を推移しています。

一方のシンガポールは、一九九七年のアジア通貨危機をはじめ何度かの大きなショックを経験しましたが、全体的には、直線的に発展しており、今やアメリカの一・三倍レベルの一人当たりGDPを生み出しているのです。

バブル後の長期停滞は我が国に莫大な損失を及ぼしています。本書の編者の一人である矢野と京都大学経済研究所の小松原崇史准教授の共同研究では、四半世紀の長期停滞から発生した損失の合計は実質ベースで一〇二〇兆円に上り、どんどん拡大しているという試算が出ています。この規模は国家財政の債務残高に匹敵します。

2　科学技術の有効利用の失敗

今、お話ししましたように、バブルの後、我が国は深刻な長期停滞に陥っています。二一世紀の中葉の時代に向けて、どうしたら長期停滞から抜け出し、豊かさを創造できる社会を作れるのでしょうか。この疑問に答えるためには、なぜ、我が国がバブル期以降四半世紀にわたる長期停滞に陥ったのかを最初に考えておく必要があります。

長期停滞の原因として、①バブルやその後処理の失敗、②少子高齢化、③技術力の低下、などがよく指摘されます。しかし、次にご説明するように、私たちはもっと根本的なところに長期停滞の大きな原因があると見ています。それは、科学技術の有効利用の失敗です。

◆バブルをきっかけとする長期停滞

バブルそのものは、長期停滞のきっかけではあっても、原因とはなりえません。過去の経験を見ても、よほどのことがなければ、バブル（泡）の崩壊は経済に対し一時的な影響しか持たないことが分かります。コップのビールの上に浮いている泡（バブル）が消えてしまっても、ビールの量が減ってしまうわけではないのと同じです。だからこそ、バブル（泡）と呼ぶわけです。

図表0-3のシンガポールの一人当たりGDPの動きを見てください。シンガポールでは、アジア通貨危機の直前にはGDPが急速に拡大しました。しかし、通貨危機によって、数年間、GDPは大きく落ち込みました。このような落ち込みは危機の直前に経済がバブル化していたことを示唆しています。しかし、一九六〇年から現在にかけての全体像を見ると、堅調に変化してきたことが分かります。つまり、シンガポールでは、当時のバブルは文字どおり「泡」のようなもので、成長の実態には大きな影響を持たなかったと言えます。二〇〇五年ごろを中心とするアメリカの住宅バブルも、リーマンショックの引き金とはなりましたが、その後のアメリカ経済の成長を見ると長期停滞の原因とはなっていないことが分かります。

これを見ると、バブルが必ずしも長期にわたって経済成長を損なうものではないかもしれないということが分かります。それと対照的なのが、我が国の土地バブルです。繰り返しになってしまいますが、土地バブルが一九九〇年にはじけた後、四半世紀の長期にわたって、日本経済は停滞を続けてきています。つまり、バブルが「泡」ではなく、実体経済に大きな爪痕を残したわけです。

もし、バブルがそのような長期的影響を持たず、アジア通貨危機の際のシンガポールのように一時的なものだったら、日本経済はどんな道をたどったのでしょうか。バブル以前の経済データに基づいて、バブル後の経済がたどったはずの仮想的な経路を描いたのが図表0-3の点線です。この仮想的経路と実際の経路の間にできたギャップは、バブル後の長期停滞によって、日本経済が受けた損失を示します。その額が一〇二〇兆円に上るというのが小松原准教授と矢野の試算です。

バブルそのものが長期停滞の原因でなく、その後処理のためにとられた経済政策に問題があったと指摘されることも少なくありません。私たちも、その要素を否定するものではありません。しかし、本書では、もっとずっと以前から日本経済が抱えていた問題に着目します。

◆問題は少子高齢化・人口減少ではない

最近は、長期停滞の原因として少子高齢化・人口減少が取り上げられることが多くなってきました。少子高齢化や人口減少で将来の日本が大変になるという景気の悪い話を聞くと、いくら頑張っても、豊かさを満喫するのは難しいと感じる人が増えていって当然でしょう。しかし、本当に、少子高齢化や人口減少が長期停滞や日本の将来を暗くする原因となりうるのでしょうか。そうではないというのが本書の見方です。

経済状況の悪化を少子高齢化・人口減少という人口問題のせいにするのは間違いです。この点は、多くの経済学者に指摘されています。東京大学の吉川洋教授によれば、人口減少にもかかわらず日本経済の潜在成長率は二％前後だということです。その根拠として、西欧のＧＤＰ（人々の所得の合計）が一八二〇年から一九九二年までに四〇倍になったが、人口は三倍になったにすぎないというブローニンゲン大学のアンガス・マディソン教授の研究を挙げています。そうすると、西欧経済は、過去一七二年間で、一人当たりのＧＤＰが一三倍になったことになります。

経済学では、一人当たりのＧＤＰの成長は多くの部分が技術革新によるものと考えられています。逆に言うと、少子高齢化が起きたとしても、技術革新さえあれば、経済は大きく成長していくものだというのが、吉川教授をはじめとする多くの経済学者の見方です。どの時代でも、人間は技術革新を通じて、人口問題を乗り越えてきました。少子高齢化・人口減少だけに着目して、国の将来像を考えるのは誤りだということです。

◆乗り遅れた産業革命――科学技術の活用の失敗

本書では、バブル後の長期停滞の本当の原因は我が国がＩＴ革命（情報技術革命）に乗り遅れた結果だと見ています。そうは言っても、後で詳しくご説明するように、我が国の情報技術が、海外の技術進歩に追いつかなかったと主張しているのではありません。

　ＩＴ革命というのは、一九八〇年代の中ごろから二〇〇〇年代の中ごろにかけての二〇年間に起きた情報技術（ＩＴ）の急速な技術革新のことを指しており、第三次産業革命とも呼ばれるものです。パソコン、インターネット、携帯電話といった情報機器の技術進歩は目を見張るものがあります。何しろ、アメリカで、ＩＢＭからパソコンが初めて発売されたのも、つい最近の一九八一年です。当時は、一〇メガバイトのハードディスクが発売されており、高価なために、一緒に買うかどうかを本当に迷ったのを覚えています。今では、少し大きな画像ファイルを作るだけで、一〇メガバイトになってしまいます。

　日本がＩＴ革命に乗り遅れたというのは、先進諸国の一人当たりの実質ＧＤＰの変遷を見ても、明らかです。一人当たりの実質ＧＤＰというのは、インフレやデフレによる物価の変化が起きなかったと想定した場合の国民一人一人の平均的な所得のことです。バブルが崩壊した一九九〇年の一人当たりの実質ＧＤＰと二三年後の二〇一三年の実質ＧＤＰを比べてみますと、アメリカでは三八％の伸び、ドイツでは三六％の伸びとなっています。それに比べ、我が国では、二〇％の伸びしかありません。日本がＩＴ革命に乗り遅れたと考える大きな理由は、ここにあります。

　ＩＴ革命に乗り遅れたと言っても、我が国が科学技術で遅れをとってきたわけではありません。もともと、日本は個人向けのコンピュータという未開分野の競争の第一線に早くから参加していました。一九七七年にはアップルが、一九七八年には日立が、一九七九年にはＮＥＣがパソコンを発売しました。この背後には、メーカー間の激しい開発競争があったと言われています。日本企業がアメリカ企業を追随するという高度成長時代の技術開発から抜け出し、先陣争いをしていたと考えられます。

前にも述べましたがＩＢＭのパソコンの販売が開始されたのが一九八一年だったことを考えると、当時の日本の技術力の高さや商品化のアイデアは、いくら誇っても誇りすぎにはならないと思います。また、ＩＴ革命の当初には、我が国の半導体メーカーが世界を席巻した時代もあります。

さらに、その後、任天堂やソニーが世界のコンピュータ・ゲーム市場をほとんど独占していた時代もあります。任天堂のファミコンやゲームボーイ、ソニーのプレイステーションは時代を先取りする最先端商品でした。また、パソコンやテレビ画面に用いられる液晶スクリーンの分野でも、我が国は世界を大幅にリードしていました。その技術を駆使したシャープの電子手帳などは、当時としては、びっくりするほど使いやすく便利なものでした。私たちの記憶に残る製品の数々は、我が国のＩＴ産業が技術的に世界から遅れていたわけではなく、かえって最先端を進んでいたことを示しています。

ここまでのお話からお分かりいただけたと思いますが、今、日本人がうつむきがちな生活を強いられているのは、けっして少子高齢化のせいではありません。また、革新的な技術がなかったせいでもありません。それにもかかわらず、海外で進行していたＩＴ革命に乗り遅れ、長期的に経済停滞が起きたのだとしたら、せっかく持っていた科学技術の活用に失敗したということになります。

◆市場の有効利用の失敗

科学技術を活用するには、市場を有効利用しなくてはなりません。今の我が国の長期停滞は、市場の有効利用に失敗したためだと私たちは考えます。

科学技術の有効利用に市場の活用が必要なのは、ロシアを中心として社会主義経済の形成を目指し失敗した旧ソ連の経験からも分かります。二〇世紀後半、ソ連はアメリカと並ぶ超大国として世界の政治、経済、そして科学技術開発をも牽引しました。とくに科学技術研究では、軍事的要請もあって政府主導による画期的研究が数多く行われ、たとえば宇宙航空分野ではロケットによる世界初の有人宇宙飛行を実現するなど、西側諸国に大きな衝撃を与えました。しかし、一九七〇年代以降、民間部門は停滞し、ついには一九九〇年代初めに連邦解体へと至りました。なぜ、こうなったのでしょうか。

その大きな理由として、ソ連が市場の役割を軽視したことが挙げられます。ソ連では、資源の割り当てを中央政府の立案した経済計画に従って行いました。そのため、市場の有効利用ができていれば、生活物資の生産に費やされたはずの資源が科学技術開発に奪われてしまいました。かえって貧困が拡大し、ついには自らが開発した技術を維持したり、さらに発展させるための富すら生み出せなくなったのです。

3　科学を豊かさにつなぐために

旧ソ連の経験が示すように、市場の有効利用に失敗すると、科学技術を維持し、発展させることも難しくなります。携帯電話産業や家電産業を見ていると、そのような現象が最近の日本でも起きつつあるように思えてきます。しかし、必ずしも、我が国の技術開発が世界から取り残されてしまったわけではありません。

私たちが所属する京都大学だけを見ても、非常にすぐれた最先端技術や自然科学研究が進んでいます。ＩＰＳ細胞や医薬品など医学・生命科学分野での研究は世界の最先端を進んでいます。ナノテクノロジーの開発でも、新しい技術がたくさん生み出されつつあります。また、自然科学分野でも、霊長類学、数学など、世界をリードする研究が進められています。

そうした科学技術が有効利用でき、明るく豊かな暮らしが送れる社会を作ることが、私たちに課せられた緊急の課題です。その課題解決に向けて、本書では、第一線で活躍される自然科学者、社会科学者、政策担当者と一緒に、市場、制度、教育という三つの視点から科学技術を豊かさにつなぐ道筋を考えます。

◆第Ⅰ部　良い市場を作ろう——科学と暮らしを市場でつなぐ

本書の第Ｉ部では、科学技術を豊かさにつなげるためには、良い市場を作るのが不可欠だというお話をします。現代経済では、作り手が作ったものはまったく別の使い手によって使われるのが普通です。その使い手と作り手をつなぐのが市場です。

生産物を生み出す根源は人材、地球資源と科学技術です。他方で、さまざまな中間生産物を経て、最終的な生産物を使うのは我々人間です。そういうマクロ的視点に立つと、市場は科学技術や地球資源を人々の生活につなぐパイプの役割を果たしていることが分かります。

水道でもパイプの質が低く、折れ曲がっていたり、穴があったりしては、水はうまく流れません。同じように、市場というパイプの質が低ければ、生産物はうまく流れず、人々の豊かな生活を支えることは不可能です。したがって、良い市場を作る必要があるということになるわけです。

良い市場を作るには、迂回原理が大切です。よほどの単純作業でないかぎり、目的を達成しようとしたら、遠回りに感じても、まず手順を考え、準備をしてから、仕事にとりかかるほうが効率的です。それが、経済学で教える迂回原理です。我が国では、政府が「市場を育成する」といった表現をよく使います。しかし、それでは直接的すぎて、良い市場は作れません。

◆第Ⅱ部　ニーズからシーズへ――エビデンス・ベース社会を作ろう

第Ⅱ部では、科学技術振興には、ニーズからシーズへという見方が大切だというお話をします。それが、迂回原理に基づいて、良い市場を作るための鍵です。

この見方は「必要は発明の母」というトマス・エディソンの考え方とも一致します。一〇〇年後のアメリカでは、ベンチャー市場や資本市場が高度に発達し、製品の市場と技術開発をつないでいます。そのシステムを見ると、「必要は発明の母」というエディソンの考え方が社会全体として定着していることが分かります。製品市場にあるニーズを、資本市場やベンチャー市場を通じて、社会システムとして、技術開発（シーズ）につないでいるわけです。そうした社会システムを形成できたからこそ、ＩＴ革命を牽引できたと言っても過言ではないでしょう。

残念ながら、我が国では、社会全体としてニーズからシーズに向けて技術開発を牽引するという意識が定着していません。そのような意識を社会に根づかせるためには、まず、エビデンス・ベースの判断が行われる社会を作っていく必要があります。理系の分野では、エビデンス・ベースの判断というのは当たり前のことです。実験による裏づけのない自然科学を考えるのはほとんど不可能です。しかし、文系の分野では、エビデンス・ベースの判断という表現が使われだしたのは、欧米でもせいぜい三〇年前にすぎません。

エビデンス・ベース社会の形成によって初めて、良い市場が形成できると私たちは考えます。何を作りたいのか、何を使いたいのか、将来何が必要となるのかといったことに関する人々の判断を集約するのが市場です。したがって、良い市場を作るためには、高質な判断に基づいて取引をする売り手と買い手が必要です。そのためには、エビデンス・ベースの思考が大切です。

エビデンス・ベース社会を築くためには、経済政策もエビデンス・ベースでなくてはなりません。そこで、内外の政策機関で活躍される政策担当者や経済学者に、それぞれの視点から、エビデンス・ベースの政策のあり方について語っていただきます。

可欠です。それには大学が変わっていかなくてはなりません。

◆第Ⅲ部　理系、文系の垣根を大学から一掃しよう——真の大学改革

エビデンス・ベースの判断やニーズからシーズへというのは日本では新しい考え方です。そのため、エビデンス・ベースという考え方を社会に定着させるためには、一人一人の意識改革が不可欠です。それには大学が変わっていかなくてはなりません。

第Ⅲ部では、そのような視点から、大学教育のあり方を考えます。そもそも教育とはどんな活動なのか、それと社会科学教育とはどこが同じで、どこが異なるのか。新しい見方をできる若い人たちを育てるには何が必要かといった問題を政策、自然科学、社会科学の立場から考えます。

我が国の大学の悲劇は、理系・文系、専門・教養という区別で縦割り、横割りに分断されていることだと思います。その結果、分野間の交流が阻害されています。二〇世紀を通じて、文系の学問も大幅に進歩しました。しかし、それが理系の研究に反映されるケースは限られています。同じような理由で、ニーズからシーズへという科学技術振興にも、科学技術の有効利用にも、成功できていません。

最近、国立大学は理系に特化して技術開発に専念すればよく、文系は不要だという意見を耳にすることが多くなりました。しかし、このような文系不要論に与《くみ》するのは、日本経済にとって、自殺行為に等しいと考えます。第Ⅲ部では、こうした論点について、理系と文系の垣根を取り去り、文系の考え方を大学や社会に定着させることの重要性や方法を考えたいと思います。

第 I 部

良い市場を作ろう

科学と暮らしを市場でつなぐ

第1話

医薬イノベーションの経済学

松岡雅雄
（京都大学ウイルス研究所教授）

私は、免疫不全やがんを引き起こすウイルスの研究をしています。病原ウイルスの性質を明らかにし、病気の治療法・治療薬を開発することが仕事です。毎日、ウイルスの実験やコンピュータと向き合っている私が、市場や経済について話をするのは、不思議に思われるかもしれません。しかし、医療と経済には深い関係があります。どれだけ効果のある薬が開発されても、市場がうまく機能しなければ患者のもとへ薬を届けることはできません。また反対に、市場が歪められると、多くの患者が求める薬を製薬会社が作らないということも起こりうるのです。

また、別の問題もあります。医学イノベーションは日進月歩です。医療機器メーカーも製薬会社も巨額の投資を行い、グローバルな市場で熾烈な開発競争を繰り広げています。このため新薬の値段も高くなり、患者の負担も膨らんでいきます。また、後ほどご紹介しますが、貧しい国々では緊急に必要な薬さえ高すぎて買えないという事態も生じています。医学イノベーションによって人々が健康で長生きできることは喜ばしいですが、そのコストを社会のなかでどのように負担するのかは、これからの大きな課題でしょう。

これら医学イノベーションと市場の問題は、私たち医学者も忘れてはならない課題ですが、同時に経済活動にかかわる方々、法律や政策の立案・運用に携わる方々にも、ぜひ考えていただきたいことです。本書の第1話として、こうした技術と社会に関する問題意識を共有するところから始めましょう。

1　医療の進歩が人と社会を変える

◆医学イノベーションの歴史

まず、医学のイノベーションが、人々の生活や人生をどう変えてきたかということを振り返っておきます。一七九六年、ジェンナー（Edward Jenner）がワクチンを開発したことによって、病気の予防が可能になりました。また、一九世紀に入り麻酔薬や消毒薬が発明されると、手術の成功率が大きく改善しました。さらに一九二八年には、フレミング（Sir Alexander Fleming）たちが抗生物質を発見して、細菌感染症が治療できるようになります。

抗がん剤は一九四六年に発見され、一九五〇年代には化学療法が可能になりました。また、胃がんの大きな原因とされているピロリ菌が発見されたのは一九八三年です。現在ではこれを除菌することによって胃がんはほぼ撲滅できるようになりました。これほどの大きな変化が、実はたかだか五〇～六〇年の間に進行しているのです。近年、医学研究が日進月歩で進んでいることが分かります。

◆がんは治る

冒頭で、私は感染症とがんの研究をしていると言いました。実は、がんの二〇％は感染症で起こります。このことが意味する重要な点は、予防できるということです。先ほども言いましたが、ピロリ菌の除去によって胃がんを予防できますし、現在は除菌が保険で認められていますので、胃がんが劇的に減るだろうと予想されています。子宮頸がんの原因となるパピローマウイルスにはワクチンが開発されました。

また、肝がんのほとんどはC型とB型肝炎によって起こります。とくにC型肝炎が多いのですが、これも治療できる時代になりました。近年、各国でC型肝炎ウイルスに対する抗ウイルス剤が複数承認されており、イギリスではこの抗ウイルス剤による治療が効果的にできれば、二〇三〇年までにC型肝炎ウイルス感染症を撲滅することができると予測されています。近い将来、日本でも承認されるでしょう。これによって肝がん患者は、劇的に減ることが予想されます。また、「血液のがん」と言われる白血病の原因の一つであるヒトT細胞白血病ウイルスは、母乳を中止することによって母親から子どもへの感染をブロックできることが分かりました。

◆技術イノベーションと変化する疾患

医学の進歩によって感染症による死亡者が劇的に減ってきた一方、非感染性疾患（Non-Communicable Diseases: NCDs）による死亡者が増えています。たとえば、心筋梗塞、脳卒中などの心臓血管病、がん、ぜんそく、慢性閉塞性肺疾患、その他の肺疾患、そして糖尿病など。現在では、全世界の死亡原因の約六〇％を非感染性疾患が占めています。

これらの原因は、喫煙、食習慣、運動不足、高血圧、高血糖、高脂血症、ストレス……などなど。実に耳の痛い言葉が並びますね。私も一日ほとんどコンピュータの前に座っていますから心配なのですが、現代のライフスタイルが、こうした病気の原因になっています。

もちろん、だからと言って感染症はもう心配ないということではありません。一九八〇年代に天然痘撲滅作戦が大規模に展開され、世界的に「感染症は、もう大丈夫」という空気が広まりました。ところが、その後に起こったのがエイズ、つまり新しいウイルス性疾患なのです。感染症は効果的にブロックできるからこそ、これに対する医療を怠ってはならないのです。

また医学の進歩によって、人体が影響を受けることもあります。少し難しくなりますが、人間の免疫系は、Ｔｈ１とＴｈ２という二つのＴリンパ球バランスによって調整されています。Ｔｈ１は細胞性免疫能、Ｔｈ２は寄生虫疾患に対する免疫に重要で、この二つは「あちらを立てれば、こちらが立たず」という、ちょうどシーソーのような関係になっています。

近年、医療の改善により寄生虫疾患は劇的に減りました。しかし、これによりＴｈ２が弱まって免疫系のバランスが崩れ、Ｔｈ１が優位になったのです。すると、今度は炎症性腸疾患、アレルギーなどの病気がどんどん増えてきてしまいました。

そこで、一部の国では（非常に乱暴な治療ですが）人為的に寄生虫疾患を起こさせて自己免疫疾患やアレルギーを治療しているという報告もあります。ただし、これはまだ十分に検証されていません。

以上から分かるように、医学の進歩は目覚ましく、かつての不治の病も治せる病気になりつつあります。しかし、人の体は社会環境や生活習慣、体内の微細な変化からも影響を受けているため、一つのイノベーションが新たな病気を生み出すこともあるのです。

2　薬の値段と命の値段――エイズの経済学

◆エイズ治療薬の開発

ここで、私の専門の一つであるエイズウイルス（あるいはヒト免疫不全ウイルス：ＨＩＶ）のお話をしたいと思います。一九八〇年代、エイズは死の病でした。私も患者さんを診ていましたが、ほぼ数年以内に免疫不全になり、日和見感染（健康な肉体なら感染症を起こさないような微生物が原因菌となり、発症する感染症）で亡くなりました。

これに対し、満屋裕明教授（現熊本大学）がアメリカで開発されたのが、ＡＺＴ（アジドチミジン）という治療薬です。ただし、これ単独では効果がなく、続けてｄｄＩ（ジデオキシイノシン）、ｄｄＣ（ジデオキシシチジン）を開発したのですが、これらを加えても十分な効果があがりませんでした。

ところが、一九九五年ごろ、プロテアーゼ阻害薬という新しい抗ＨＩＶ薬や非核酸系逆転写酵素阻害薬と呼ばれるＮＶＰ（ネビラピン）を足すと、著しい効果が出ました。その後、次々と新薬が開発されています。

今日では、ＨＩＶ感染症はコントロール可能な疾患になりました。感染した人たちが、薬さえ飲めば、すぐに死ぬということはほぼありません。二五歳で感染しても約四〇年間以上、生き続けられます。つまり、平均寿命に近づいてきているのです。

さらに、抗ウイルス剤の素晴らしいところは、病気を治すだけではなくて、感染を予防できることです。『サイエンス』という国際的な学術雑誌の記事では、抗ウイルス剤を飲むことによって感染が九六％ブロックできたと報告されています（二〇一二年一二月二三日号）。つまり、抗ウイルス剤をきちんと使えば、寿命を延ばすこともできるし、新規の感染もブロックできることが分かったのです。

◆強制特許実施権

これで明るい未来が開けてきたと思われるのですが、そう簡単ではありません。現在、日本でエイズに対する抗ウイルス剤を投与すると、薬剤費として年間二〇〇万円以上かかります。しかし、エイズが蔓延しているときに、発展途上国で高額な薬を大量に購入することはできません。そこで、タイ（二〇〇六年）やブラジル（二〇〇七年）では強制特許実施権を行使しました。

強制特許実施権とは、二〇〇一年にＷＴＯ（世界貿易機関）によって特別宣言された知的財産権の例外規定です。最貧国でエイズが蔓延するなどといった非常事態となった場合に限り、政府が特許権者（製薬会社）の承諾を得ずに医薬品を製造・輸入できることを定めたものです。

先ほどのタイやブラジルの例では、メルク社の開発したエファビレンツという薬のジェネリック薬を同社の許可なく輸入もしくは国内生産し、人々に無償配布しました。これはとてもうまくいきました。エイズに感染した人たちは薬を飲めば命を長らえますし、さらにその人たちからの感染もブロックできました。つまり、感染の拡大を食い止めることに成功したのです。

一方、よく知られるようにアフリカでは広範囲にわたってエイズ感染が爆発的に拡大しました。二〇〇五年ごろからＷＨＯその他の国際機関が薬を無償で配布し始めたのですが、当時は必要とする五人に一人にしか薬が行き渡りませんでした。現在では薬が行き渡るようになって、エイズ関連の死亡者を減少させることができました。

ただし、この間にジンバブエ、ザンビアでは強制特許実施権が行使されましたし、現在でも国際機関・団体からの支援に頼っています。このほか、アジアではマレーシア、インドネシア、インドで強制特許実施権が行使されました。

◆命の値段？

先ほど、エイズウイルスに感染すると、年間で約二〇〇万円の薬剤費がかかると言いました。仮に四〇年間生き続けるとすると、一人に約八〇〇〇万円の費用がかかるわけです。

ＣＭＬ（慢性骨髄性白血病）に使われるグリベックという薬は月に約三一万円、年間で三六〇万円ほどかかります。私の専門であるＡＴＬ（成人Ｔ細胞白血病）に使用するポテリジオという抗体医療は、ワンクールでおよそ三七四万円かかります。こうした薬剤の価格は非常に高いものです。

一つの解決法は、特許が切れた後に、ジェネリック医薬品にスイッチすることです。また、発展途上国では強制特許実施権も一つの選択肢になりえます。実際、タイなどでは抗がん剤に対しても強制特許実施権が使われています。この動きは、ますます拡大する可能性があります。

しかし、製薬会社は利益の獲得に動機づけられて、巨額の研究費を注ぎ込み、新薬を開発しています。高い利益を得られるからこそ、多くの企業が参入し、激しい競争を繰り広げ、結果としてイノベーションを生み出しています。ここでもし新薬開発に成功しても費用を回収し利益を得ることができないなら、企業は倒産してしまいますし、そもそも薬の開発を躊躇するでしょう。また、強制特許実施権が乱用されると、企業は先進国向けの医薬開発にばかり力を入れ、最貧国で病気が蔓延しても薬を開発しないという事態すら起こりかねません。

さらに問題なのは、瀕死の人々を救うために無償配布されたはずの薬が、横流しされて先進国に輸出され、高額で販売される事例も出ていることです。このような行為が横行すれば、強制特許実施権の行使に対して企業の理解・協力はますます得にくくなるでしょう。

3　医薬品開発の経済学

◆隠れたリーディング・カンパニー

では、医薬品の開発の現状はどうなっているのでしょうか。

皆さんは、ヤマサ醤油という会社をご存知でしょう。同社は優れた発酵技術を持っており、日本でも有数の核酸化合物を作れる会社です。実は、先ほどお話ししたＡＺＴという抗エイズウイルス薬の原末を作っているのは、日本の醤油会社なのです。私たちは現在もヤマサ醤油と共同研究を続けています。

ＥＦｄＡという名前の薬ですが、エイズウイルスの複製を非常に強く抑制します。これを同定し、満屋裕明教授と共同で生体に効果を及ぼす仕組みを明らかにしました。現在、これをメルク社に導出（供与）して臨床開発が行われています。

これが医薬品開発の一例です。まずシーズ（開発の種になる技術）を見つけて、そうした会社と共同研究する。ただし、エイズなどの場合は日本国内では患者数が少なく臨床試験が難しいため、それをアメリカに導出して開発を進めています。

◆医薬品貿易の現状

二〇一一年の薬事工業生産動態統計（厚生労働省）によると、同年の医薬品貿易は二兆三九二九億円の赤字です。これは一〇年連続で増えており、一〇年前の約二・五倍になっています。とくに、海外から抗がん剤などの輸入が増えているのが赤字の大きな原因だそうです（『日本経済新聞』二〇一二年八月二一日）。

種類別では抗がん剤や糖尿病薬の額が大きいのですが、これは国内の需要が大きいという面と、国内の開発・生産が遅れをとっている面とがあります。ただし、この数値は純粋な輸出入の差額ですので、日本企業が海外で生産して日本で販売したものも「輸入」に含まれます。

一方、海外売上高は二〇〇四年の一・八兆円から二〇一〇年の三・二兆円に伸びています。図表1-1は二〇一一年の医薬品の売上額で上位三〇品目の薬剤です。これらの企業の国籍を見ると、

図表 1-1　世界売り上げ上位 30 品目

（単位：百万ドル）

順位	製品名	一般名	薬効等	メーカー名	売上	前年比
1	リピトール	アトルバスタチン	高脂血症／スタチン	ファイザー／アステラス他	10,860	▲ 10%
2	プラビックス	クロピドグレル	抗血小板薬	サノフィ／ BMS	9,729	3%
3	**レミケード**	**インフリキシマブ**	**リウマチ／クローン病他**	**J&J ／メルク／田辺三菱**	**9,016**	**12%**
4	**ヒュミラ**	**アダリムマブ**	**関節リウマチ**	**アボット／エーザイ**	**8,242**	**22%**
5	クレストール	ロスバスタチン	高脂血症／スタチン	塩野義／アストラゼネカ	7,919	16%
6	**エンブレル**	**エタネルセプト**	**リウマチ他**	**アムジェン／ファイザー／武田**	**7,902**	**9%**
7	アドエア／セレタイド	サルメテロール＋フルチカゾン	抗喘息薬	GSK ／アルミラン	7,891	▲ 2%
8	**リツキサン**	**リツキシマブ**	**非ホジキンリンパ腫**	**ロシュ／バイオジェン・アイデック**	**7,386**	**▲ 6%**
9	ディオバン／ニシス	バルサルタン	降圧剤／ ARB	ノバルティス／イプセン／ UCB	6,984	▲ 1%
10	セロクエル	フマル酸クエチアピン	統合失調症薬	アストラゼネカ／アステラス	6,187	10%
11	シングレア／キプレス	モンテルカスト	抗喘息薬	メルク／キョーリン	5,954	10%
12	**アバスチン**	**ベバシズマブ**	**転移性結腸がん**	**ロシュ／中外製薬**	**5,631**	**▲ 7%**
13	**ハーセプチン**	**トラスツズマブ**	**乳がん**	**ロシュ／中外製薬**	**5,589**	**9%**
14	エビリファイ	アリピプラゾール	総合失調症	大塚製薬／ BMS	5,318	5%
15	ジャヌビア	シタグリプチン	2 型糖尿病／ DPP4	メルク／小野薬品／アルミラル	5,095	45%
16	**ランタス**	**インスリングラルギン**	**糖尿病**	**サノフィ**	**5,071**	**15%**
17	グリベック	イマチニブ	抗がん剤	ノバルティス	4,659	5%
18	ジプレキサ	オランザピン	統合失調症薬	イーライリリー	4,622	▲ 8%
19	ネキシウム	エソメプラゾール	抗潰瘍剤／ PPI	アストラゼネカ／第一三共	4,513	▲ 9%
20	ブロプレス／アタカンド	カンデサルタン	降圧剤／ ARB	武田／ AZ ／アルミラル	4,307	2%
21	サインバルタ	デュロキセチン	SNRI ／抗うつ他	イーライリリー／塩野義	4,247	21%
22	**プレベナー 7 ／ 13**	**小児肺炎球菌ワクチン**		**ファイザー**	**4,145**	**13%**
23	コパキソン	グラチラメル	多発性硬化症	テバ製薬／サノフィ	4,135	3%
24	スピリーバ	チオトロピウム	COPD ／抗喘息	ベーリンガー･I ／ファイザー	4,083	10%
25	アクトス	ピオグリタゾン	2 型糖尿病	武田製薬／イーライリリー	4,007	▲ 19%
26	レクサプロ	エスシタロプラム	抗うつ剤／ SSRI	ルンドベック／フォレスト他	3,973	4%
27	**ニューラスタ**	**ペグフィルグラスチム**	**好中球減少症 G-CSF**	**アムジェン**	**3,952**	**11%**
28	リリカ	プレガバリン	神経疼痛／てんかん	ファイザー／エーザイ	3,839	24%
29	**エポジェン／エスポー**	**エポエチン α**	**腎性貧血**	**アムジェン／ J&J ／協和キリン**	**3,731**	**▲ 19%**
30	**ノボラピッド／ノボミックス**	**インスリンアスパルト**	**インスリンアナログ製剤**	**ノボ・ノルディスク**	**3,672**	**7%**

注：▒▒は日本オリジン。太字はバイオ医薬品。下線は抗体医薬品。
出所：セジデム・ストラテジックデータ㈱ユート・ブレーン事業部刊「Pharma Future」2012 年 6 月号。

アメリカが圧倒的に多く、第二位がスイス、三位に日本（グレー部分）が入っています。

ただし、日本で承認された新しい有効成分を含む薬のうち日本オリジンで開発された新薬の比率を見ると、二五％（二〇〇〇～二〇〇三年平均）から一五％（二〇〇八～二〇一一年平均）へと緩やかに低下しています（IMS LifeCycle 調べ）。

さらに注意を要するのは図表1-1の太字で書かれている品目で、これらはバイオ医薬品と呼ばれている抗体や超分子化合物です。この分野は、これから市場が大きく拡大すると予想されているのですが、日本はまだ弱いのです。これらが医薬品貿易の赤字要因になると心配されています。

もっとも、医薬品産業における技術貿易収支を見ると、これまでのところはほぼ一貫して黒字が増加しています。つまり、ロイヤルティ収入（日本が提供した技術の使用料）は増えているので、日本企業は健闘していると言えます。しかし、今後、医薬品分野ではバイオ医薬品、抗体医薬や分子標的化合薬などが中心になると思われますので、この分野の開発を急ぐ必要があるでしょう。

◆日本の研究開発戦略

本書では、第4話などで研究開発政策が大きくクローズアップされますので、医療分野における研究開発戦略についても、簡単に展望しておきましょう。

各国の研究開発費がどの産業に投下されているかを比較すると、日本はやはり自動車産業が大きな割合を占めています。一方、アメリカは薬剤やバイオテックに非常に大きな資本を投下しています。ここに際立った違いがあり、将来に影響を与えることが予想されます。

次に、医薬品開発体制を見ると、海外のメガファーマー（大きな製薬会社）は、独自の開発だけではなく、ベンチャーやアカデミア（大学）からのシーズに依存するようになっています。日本では、いわゆる独立行政法人化以後にトランスレーショナルリサーチ（臨床試用から日常医療への応用までの一連の研究）が推進され、徐々に根づきつつある段階です。大学でも基礎研究に偏らず、トランスレーショナルリサーチとの間でバランスよく発展させることが重要になるでしょう。

もう一つ、日本の問題はバイオベンチャーです。アメリカでは、バイオベンチャーが次々に生まれ、それをメガファーマーが買収するというパターンが繰り返されていますが、日本ではバイオベンチャーが少ないのです。これは、起業家不足だけでなく、投資家不足、経営者不足も関係していると思います。これから、大学と産業界をどのように結びつけ、社会の豊かさにつなげていくのか、社会科学を実践する皆さんにぜひ考えていただきたいと思います。

◆健康な暮らしと医療費、再び

最後に、あらためて医療費の問題を取り上げたいと思います。

医学イノベーションは現在、大きな転換点にあります。これまでは延命、つまり死なないための医学だったのですが、これからは予防および健康維持の医学にシフトしていくでしょう。

しかし、費用負担の問題を解決しないかぎり、多くの人々が健康に暮らせる社会にはなりませんし、むしろ深刻な社会問題を引き起こす可能性もあります。たとえば日本は国民皆保険制度を前提としていますが、高齢社会に入り、医療費の高騰・膨張はこれから大きな問題になると考えられます。

もちろん、私たち医学者や企業が安価な医薬品・医療機器を作るという努力も怠ってはなりませんが、同時に、社会の仕組みに関するイノベーションがどうしても必要なのです。

第2話

イノベーションは制度を破壊する

青木玲子
（一橋大学経済研究所教授）

私は、二〇一四年三月まで内閣府総合科学技術会議の議員を務めてきました。私の専門はミクロ経済学ですが、そこでは「科学技術の振興に社会科学がどのように貢献できるか」ということを考えてきましたので、第2話ではこのテーマについて皆さんと一緒に考えたいと思います。

1　破壊なくして革新なし

◆制度を「設計」する

単刀直入にまいりましょう。科学技術イノベーションは、社会科学に何を求めているのか。

私が思うのは、自然科学におけるイノベーションを社会の豊かさに変換するためには、社会科学に基づいて、それらの技術に社会的な「価値」を与える必要があるということです。そして、暮らしのなかで技術を具体的に活用するためには、新たに生まれた技術とそれを有効に利用するための「制度やシステム」を社会に作らなければならないので、それらを「設計（design）」するのが社会科学の役割ということになります。この「制度やシステム」には、もちろん法律も入りますので、法律を制定することも「設計」に当たります。

「社会的な価値を与える」ということについて、一例を示しましょう。スティーブ・ジョブズ氏の伝記に、あるエピソードが出てきます。アップルがｉＰｏｄの開発を着想していたころ、アイデアはあるけれども、それを実現する技術がなくて困っていました。そのとき、同社の重役だったルビンスタイン氏が東芝を訪れ、フラッシュメモリの技術と出会います。東芝は、技術を開発したものの、まだどのように使えばよいか思いつかない。しかし、ルビンスタイン氏は「これだ！」と気づく。そのような発想が社会科学そのものだと私は考えます。

こうしてｉＰｏｄが誕生し、大ヒットするわけですが、ここでは「フラッシュメモリ」という基礎技術と「ｉＰｏｄ」という人々の暮らしに役立つ商品との間をルビンスタイン氏がつないでいます。このように技術の「価値」を見つけて社会に役立つ「形」へと変換するのが、社会科学の仕事だと思うのです。

同じ例で「制度の設計」についての考え方も紹介できます。先ほどの例でジョブズ氏やルビンスタイン氏は、まずｉＰｏｄ（のような商品）を作りたいと思って、そのためにどのような技術が必要かと逆算しています。このように、将来のあるべき姿や目標を想定し、そこから現在とるべき行動を導こうとする発想を「バックキャスティング（backcasting）」と言います。現在から将来を予測する「フォアキャスティング（forecasting）」とは反対になります。

これを科学技術開発に当てはめると、まず実現したい社会の姿や目標を定めて、そこから必要な技術や社会の仕組みを導き出すことになります。たとえば、持続可能な社会・経済を作りたいと考え、そのために再生可能なエネルギーの開発という目標を立て、その実現に向けて新たな技術を開発したり、社会の法律・制度を整えたりするという具合です（図表2-1）。

「科学を豊かさに変換する」ためには、この発想がとても大切になります。このバックキャスティングを用いた制度の設計についても第4話で詳しく紹介します。

図表2-1　バックキャスティングと制度・システムの構築

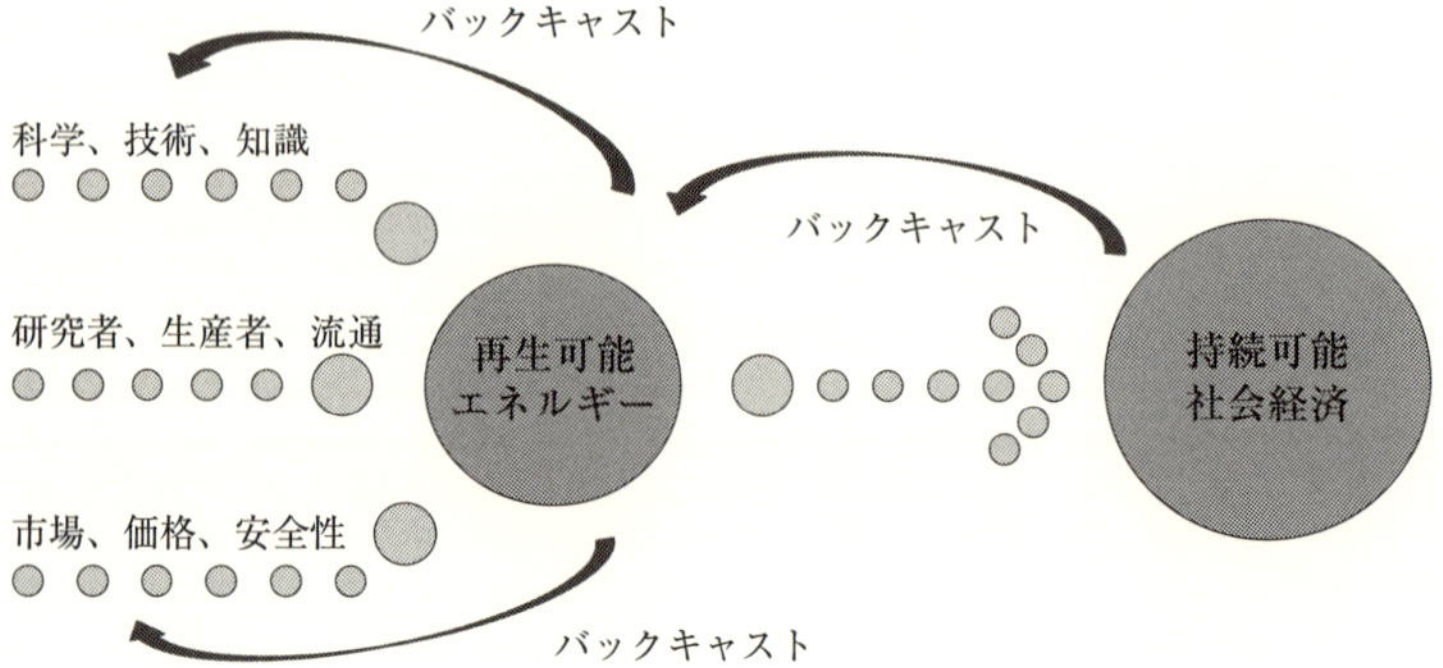

しかし、まだ技術を有効利用するための「制度やシステム」の中身がはっきりしません。ここで、図表2-1の左半分を見てください。

たとえば、再生可能エネルギーを手に入れるため、科学者たちが太陽光発電や風力発電の研究に取り組み、技術が確立したとしましょう。しかし、これだけではまだ私たちの暮らしに役立ちません。電力を生産するための新たな設備・装置を製造する企業、それを購入して電力を生産する企業、それらの集合である産業などが育たなければなりません。生産された電力を人々に届けるためには、流通（送配電）インフラを整備する必要もあります。

この産業は、どのような姿をしているでしょうか。地域で独占的に営業する大きな企業が生産から流通・小売までを担当するのがよいのか、生産・流通・小売の各市場で多くの小さな企業が競争的に営業するのが望ましいのか。それらは、開発される技術の性質によっても変わるかもしれません。

また、こうした企業活動にはお金が必要です。企業に資金を提供してくれる投資家や金融機関が必要ですし、彼らが投資・融資するためには優れた技術や経営力を持った企業を見つけ出すための適切な情報が必要になります。つまり、新たな企業と投資家を結びつける金融市場というシステムを整える必要があるということです。

さらに、消費者の側に目を向けましょう。いくら電力が生産されても、欲しいときに欲しい量を安定的に買えなければ、消費者は不便な思いをするでしょう。また、あまりに値段が高ければ、必要であっても買えません。私たちが安心して電力を購入できるためには、消費市場も整備されなければならないのです。

そして、安心と言えば、安全性も重要です。誰もが容易に、危険なく電力を使えるように、法律で安全基準を定める必要があるでしょう。また、その基準が守られるように監視・監督する制度や機関を作るべきかもしれません。

ここで、第1話の医薬品開発の事例を思い出してください。新薬の開発には莫大な費用がかかること、貧しい人々に届けるために強制特許実施権が実施されることがあること、しかし行きすぎた強制特許実施権の利用が医薬品そのものの開発を遅らせる可能性があることについて議論しました。この例が示すように、技術が暮らしに役立つためにはたくさんの制度・システムを上手に組み合わせなければならないのです。

◆イノベーションは破壊者である

ここで一つ大切な問題を考えておく必要があります。一たび技術を有効利用できる社会制度が出来上がっても、新たな技術革新が起こると崩れたり故障したりしてしまうのです。

これは、革新的な技術とは何かを考えれば、当然のことです。革新的な技術であればあるほど、既存の制度や産業構造と不整合を生み出すのです。その不整合を克服するために、制度や産業の構造を変更したり、まったく新しい制度・産業を生み出したりする必要が出てきます。つまり、科学技術イノベーションと補完的な法律・規制や産業構造を設計し直さなければならないのです。この点については、第3話で歴史的な視点も踏まえて詳しく説明されるはずです。

イノベーションは、しばしば「創造的破壊」であると言われます。それは単に「旧来の技術を破壊してこそ、新たな技術が生まれる」という意味だけではありません。新たな技術の誕生は、旧来の技術とそれを「活かして」きた社会的な仕組みとの調和をも破壊してしまうので、社会は新しい技術をうまく活かしていくことができません。新たな技術を社会に役立てるには、もう一度、その技術に合った制度・システムを作り直す必要があるのです。

2　ミクロ経済学はけっこう役立つ

◆ミクロ経済学とは

ここで、一つの疑問が湧いてくるのではないでしょうか。「それでは、イノベーションを活かす制度・システムは、どのように作ればよいのか」と。そこで、（いささか手前味噌ですが）私の専門である「ミクロ経済学」、なかでも「法と経済学」という学問分野を紹介させてください。

まず、ミクロ経済学とは何か。国全体の経済を考える「マクロ経済学」に対し、ミクロ経済学は、主に個人や企業の行動を説明する学問です。そして、「限られた資源を誰にどのように分配すると、資源がより有効に活用され、より多くの富や便益を生み出すことができるか」ということを考えます。これを経済学では、制約つき最適化（constrained optimization）と呼びます。

たとえば、個人の持つ財布の中身は限られているでしょうから、必要なものを吟味し、賢く買い物をして、できるだけ満足を高めようとするでしょう。企業の資金にも、さらには自然や人や資本といった社会全体の資源にも限りがあります。ですから、使い方を工夫する必要があります。資源を上手に活用できる企業ほど、大きな資金を使えるような金融の仕組みがあれば、その企業によって優れた商品・サービスがより多く、より安く社会に提供され、人々に喜ばれるでしょう。そのなかで、より多くの労働者がより良い条件で雇用されるでしょうから、労働者にも喜ばれます。結果として、社会全体の福利厚生（welfare）も大きくなります。

ここで重要になるのが、インセンティブ（incentive：動機・誘因）という考え方です。身近な例では、お子さんに「どのようなご褒美（あるいは罰）を与えると、しっかり勉強するか」と考え、そのための約束事を決めるようなものです。

同じように、個人や企業の経済活動においても、どのようなインセンティブを与えると、資源がより効率良く活用されるかを考え、それを実現するためのルールを定めます。社会の場合、この「ルール」とは法律や制度、慣習のことです。

私たち経済学者は、個人や企業がどのように意思決定し行動するかという手順や仕組みを抽象的なモデルで表現することによって一般にも当てはまるようにし、複雑な社会・経済現象を理解しやすく整理します。これはとても便利な思考の枠組みなので、ビジネスの現場ではもちろん、現在では法律の設計や施行にも応用されています。だからこそ、「法と経済学」という学問が注目されているのです。

◆法と経済学

「法と経済学」について説明しましょう。法と経済学は、一言で言えば、法律を「人や企業の行動を決めるルール」として分析する学問です。法律を一つの制度ととらえて、それが人々のインセンティブにどう影響するかを明らかにするのです。

たとえば、「損害賠償」という制度（法律）は何のためにあると思いますか。事故が起きたときに、加害者を罰するための制度でしょうか、あるいは被害者を救済するためにあるのでしょうか。さまざまな側面があるでしょうが、経済学者は、「人々が事故を避ける行動をとるように誘導するための制度」と解釈します。損害賠償とは、どのようなときに誰がどれだけの負担を負うかというルールですから、負担を避けるための行動、ひいては事故を避けるための行動を誘導する制度であると考えるのです。

つまり、「損害賠償法の目的は事故を防ぐことである」と言えますので、どのような場合にどの程度の罰を与える（あるいは免除・軽減する）ことが適当かを決める際にも、「どうすれば事故を防げるか」という視点から判断することが有効になります。これが、インセンティブに基づいて法制度の設計をするということです。

それでは最後に、「法と経済学」がどのようにしてイノベーションの活用に役立つのか、二つの事例から考えてみましょう。

3　再生医療と法の整備

◆細胞治療とは

一つ目の事例は、再生医療技術を活かす制度についての例です。

再生医療とは、病気やけがで機能不全になった組織・臓器を再生させる医療であり、創薬のための再生医療技術の応用にも期待されています。皆さん、iPS細胞やES細胞という名前をご存知でしょうか。さまざまな臓器の再生医療に活用できる汎用性の高い細胞として注目を集めています。これらを含め、再生医療・細胞治療に用いられる細胞の種類を整理すると、図表2‐2のようになります。ご覧のように、iPS細胞やES細胞は汎用性が高いという画期的特徴を持つ一方、腫瘍化の危険や倫理的な問題もあり、扱いが難しいという短所を持っています。それに対し、体性幹細胞やそれ以外の体細胞は、限定された部位にしか使えなかったり、他人の体に入れると拒絶反応が起こったりするなど用途が限られるものの、生物がもともと持っている細胞で

図表 2-2　再生医療・細胞治療に用いられる細胞の特徴等

	定　義	長　所	短　所	備　考
iPS 細胞（人工多能性幹細胞）	体の細胞に特定の遺伝子を導入し作製された細胞。がん化などの課題あり。	・体中のあらゆる細胞になれる能力を持つ。 ・自己複製能がある。 ・自分自身と同じ遺伝情報を持った多能性幹細胞を手に入れることが可能（自家細胞であれば、拒絶反応を考慮する必要がない）。 ・受精卵を壊して作る ES 細胞と比べて、倫理的問題が少ない。	・腫瘍化の可能性など、未知のリスクがある。	世界中でいまだヒトに投与されていない（理研で、臨床研究を検討中）。
ES 細胞（胚性幹細胞）	受精卵から作製された細胞。倫理面の課題あり。	・体中のあらゆる細胞になれる能力を持つ。 ・自己複製能がある。	・ヒトとして成長する可能性を持つ受精卵を壊して作製することから、倫理的な問題がある。 ・受精卵由来の他人の細胞であるため、拒絶反応がありうる。 ・腫瘍化の可能性がある。	アメリカで 2 件、イギリスで 1 件、韓国で 1 件、臨床開発（治験中）。
体性幹細胞	生物がもともと持つ細胞。限定された種類の細胞にしか分化しない。	・自家細胞であれば、拒絶反応を考慮する必要がない。 ・もともと有している細胞であるため、腫瘍化の可能性は低い。	・特定の系列の細胞にしか分化できない。	日本では、66 件の臨床研究および 2 件の治験を実施中。
体性幹細胞以外の体細胞	生物がもともと持つ細胞。特定の種類の細胞に分化したものであり、それ以外の細胞にならない。	・自家細胞であれば、拒絶反応を考慮する必要がない。 ・もともと有している細胞であり、分化しきっているため、腫瘍化の可能性はきわめて低い。	・分化して異なる細胞にはならない。	日本では、2 件の製品が薬事承認。2 件の治験を実施中。

出所：科学技術振興機構、戦略的創造研究推進事業（社会技術研究開発）「科学技術イノベーション政策のための科学研究開発プログラム」「科学技術イノベーション政策と補完的な政策・制度整備の政策提言」（青木玲子プロジェクトリーダー）2013 年 8 月 23 日、説明資料。

あるため腫瘍化の危険が小さいなど、扱いやすいという利点があります。

今日では、「細胞シート工学」といって、ヒトからとった細胞を体外で大量に育ててシート状に加工し、臓器の治療に活用する研究も進んでいます。実は、これは日本が世界に先導する医療イノベーションの一つです。いずれにせよ、ヒトの細胞を取り出して、体外で培養し、またヒトに移植するというのが、これらの特徴と言えます。

◆法制度の必要性

こうして、技術はできました。しかし、これは非常に新しい技術です。皮膚や角膜を採取して体外で培養し、元の患者さんに移植するという行為は、「治療」ではありますが、もちろん薬品を投与するわけではありません。また、ヒトから取り出して育てるという点では、バイオプシー(生体材料検査)と同じですが、一般にバイオプシーは病気を調べるためのものですので、患者から採取しても、体内に戻すことはありません。さらに輸血は、ヒトから採取してヒトに戻しますが、採取した血液に施すのはせいぜい分離くらいであって、培養はしません。再生医療は、これまでの医療技術とは根本的に違うのです。

病院は、そもそも治療はしますが、培養やバイオプシーをする施設や人材はそろっていません。したがって、病院が無理してこれを行うよりは、培養を外注するのが経済的・効率的と言えます。そこで、再生医療向けに細胞を培養する企業を新しく立ち上げ、病院と培養企業との間で業務契約を結ぶことになります。しかし、これまで病院が外注するものといったら、タオルのクリーニングなどですので、安全性の確保や品質保証など要求される内容と水準がまったく違います。また、事故が起きた際に、誰がどれだけ負担するのかというリスク分担も契約で明確にしておかなければ、病院も安心して発注できませんし、企業も業務を引き受けられません。新たな技術が生まれても、法制度の整備が追いつくまでは使えないのです。

こうしたことから、二〇一三年に「再生医療等の安全性の確保等に関する法律」が制定され、あわせて薬事法の改正も行われました。これによって、再生医療に関する安全の確保や生命倫理への配慮、医療従事者の講ずべき措置、特定細胞加工物の製造許可制度など、必要な法制度が整い、再生医療の普及が後押しされることとなりました。

4　自動運転自動車と賠償制度

◆自動運転自動車の運転手は誰か

次の事例をご紹介しましょう。

皆さんは、「自動運転自動車」をご存知でしょうか。飛行機のオートパイロット（自動操縦）のように、コンピュータが自動制御して自動車を運行する技術です。近未来の技術として日本でも研究が進んでいますし、高齢社会においては頼もしい技術と言えるでしょう。しかし、日常生活で利用するには、まだ克服すべき大きな問題があります。

その一つが事故における法律上の処理方法、具体的には補償制度なのです。

そもそも、自動運転自動車に運転手はいるのでしょうか。運転手がいるとすれば、飛行機のオートパイロットと同じようなルールが考えられます。自動操縦の場合、法律上は操縦の「補助技術」となっており、操縦の責任はあくまでパイロットにあります。現時点では、この法律を自動運転自動車に応用するのが妥当であろうと考えられています。しかし、自動運転自動車の場合は、本当に運転手がいると見なすことができるのでしょうか。運転手がいないと考えると、事故が起こったのは自動車が欠陥品だったため、つまりメーカーの責任ということになるのかもしれません。このように、技術の性質によって責任の所在や補償のあり方が変わってくるでしょう。

自動車事故に関しては法律や保険制度が非常に発達していますので、どのような場合に誰の責任となり、どれだけ補償しなければならないか、そのためにどんな保険商品を購入しておけばよいかなど、自分のとるべき行動について、おおむね予想ができます。したがって、どれだけ安全運転を心がければよいか、道を渡るときは何に気をつければよいかなど、人々はおよそ共通した交通知識を持って行動していることになります。つまり、法律が整備され、よく機能しており、保険商品も充実しているからこそ、安心して運転ができるのです。懸案の自動運転自動車の場合、まだ法律や賠償制度が確立していないため、安心して乗ることはできません。

同様に、アメリカなどで話題となっているドローン（小型無人飛行機）の商業利用の問題も、技術的にはどんどん進歩していますが、ドローンが人体・家屋に危害・損傷を与えた場合の責任を明確にし、補償制度を確立しないと、企業はリスクが大きすぎて導入できないでしょう。また、ドローンの機能や特性について、多くの人々が知識を共有することも、利用の普及に向けて重要になるでしょう。

このような例が示すように、法律や賠償制度が整わなければ、せっかくの科学技術イノベーションを普及させ、活かしていくことはできません。

◆科学技術教育のすすめ

以上、科学技術イノベーションと社会的制度・システム設計とのかかわりの重要性について、お話ししてきました。では、どうすれば自然科学と社会科学とを結びつけ、豊かな暮らしを作ることができるでしょうか。その一つの、しかし決定的に重要な答えが「教育」です。本書ではこの後、自然科学者が社会の要請を意識して研究を行うこと、社会科学者が科学技術をよく理解して制度を構築すること、そして文系・理系といった枠にとらわれず技術と社会の双方への関心を育むような教育制度の重要性についてお話しします。

そして、最後に、私が携わった次のホームページをご紹介したいと思います。

「五分でわかる最新の科学技術」（内閣府・科学技術政策）
http://www8.cao.go.jp/cstp/5minutes/index.html

このページでは、最近の科学技術開発の動向が分かりやすく解説されています。

科学を豊かさにつなげる第一歩は、文系・理系にかかわらず科学技術をもっとよく知ること。

私は、そう思います。

第3話

良い市場を作ろう

矢野　誠
（京都大学経済研究所教授、附属先端政策分析研究センター長）

中澤正彦
（京都大学経済研究所附属先端政策分析研究センター准教授）

1　市場の質を考える

「なぜ科学が豊かさにつながらないのか」。

それは「市場の質が低いからだ」と私たちは考えています。

こう申しますと、皆さんは「市場に質なんてあるの？」と思われることでしょう。実は、市場の質というのは、『「質の時代」のシステム改革』（矢野誠著、岩波書店）という書物で提唱された我が国発の新しい経済学的考え方です。そこで、この第3話では、市場にも質があって、それこそが、二〇〇八年の世界金融危機やバブル崩壊以来、四半世紀にわたる我が国の長期停滞を乗り切る鍵なのだということを詳しくご説明しましょう。

本書を読み進めてこられた皆さんは、第1話で、医学イノベーションが起こっても、市場と市場を取り囲む社会の仕組みがうまく機能しなければ、暮らしにはつながらないことを知りました。さらに第2話では、科学技術イノベーションが起こるたびに、社会制度がうまく機能しなくなり、新たに作り直す必要が生まれることを知りました。

そこから皆さんは、制度やシステムが、あるときは壊れて機能が下がったり、また作り直されて機能が高まったりという過程を連続的に繰り返している、いわば生き物のような社会の姿をイメージされたのではないでしょうか。

市場は、その社会の一部です。制度やシステムの変化と一緒に、市場のあり方も変化します。

私たちはそれを、市場の「質」の変化と考え、市場の質を高めることによって、人々の暮らしに役立てる方法を研究しています。

それでは最初に市場の質とは何かということからお話ししましょう。

◆市場——科学技術と暮らしをつなぐパイプ

「市場はパイプである」。

市場の機能を最も簡単に説明しようとしたら、この表現にたどりつきました。このパイプを通って、モノが売り手から買い手へと流れていきます。鉄骨やコンクリートは製造業者から建設業者へ、マンションは建築業者から消費者へと流れます。

市場がパイプだとすると、市場の質はパイプの質のようなものだということになります。パイプがひどく折れ曲がっていたり、穴が開いていたりしては、パイプを使って何かを移動しようとしても、うまくいきません。

市場というパイプでモノを流す圧力として働くのはニーズ（必要性）です。市場では、モノはニーズの低い人の手から高い人の手へと移っていきます。それと交換に、対価が買い手から売り手へ支払われます。対価（値段）は取引を通じて決定されます。

イントロダクションでもお話ししましたが、現代経済では、作り手が作ったものはまったく別の人によって使われるのが普通です。マンションのように消費者が使う最終生産物を作るために、さまざまな資源が投入されます。鉄骨やコンクリートやクレーンのように、直接は消費されない

図表3-1　市場＝科学技術を暮らしにつなぐパイプ

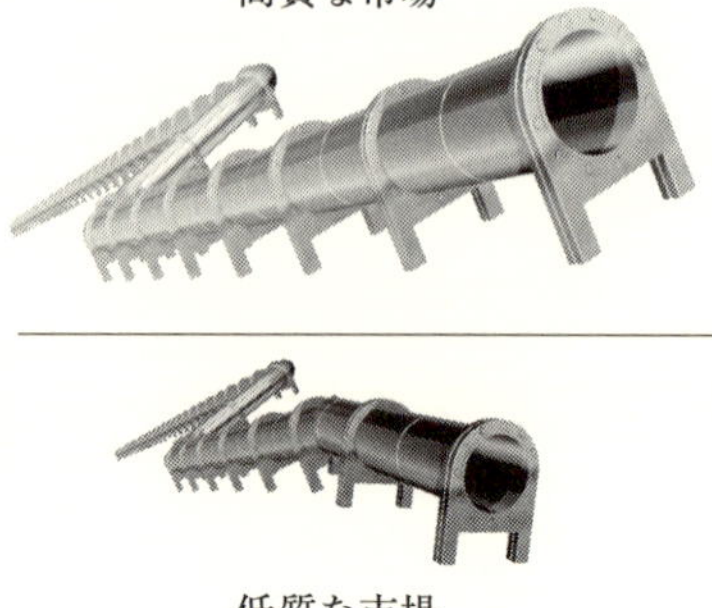

生産物は中間生産物と呼ばれます。

さまざまな中間生産物は次の中間生産物を作るために使われます。それをたどっていくと、最終的には、消費者に行き着き、そこで日々の暮らしに供されます。逆に、中間生産物を作るために必要な原材料をたどっていくと、最後には、地球資源と科学技術に行き着きます。

そういうマクロ的視点に立つと、図表3-1にあるように、市場は科学技術や地球資源を人々の暮らしにつなぐパイプの役割を果たしていることが分かります。同じ水準の科学技術を持っていても、市場というパイプの質が良ければ豊かさにつなげることができ、質が悪いと経済が停滞してしまうことになります。

◆科学技術振興と日本経済のパフォーマンス

振り返ると、一九九〇年代初めのバブル崩壊から四半世紀が経とうとしています。実はこの間に日本は科学技術振興費を含め多額の研究開発費を投下しています。この事実は、国の一般会計に占める科学技術振興費の割合

図表 3-2　科学技術振興費の一般会計予算（社会保障費および国債費を除く）に占める割合

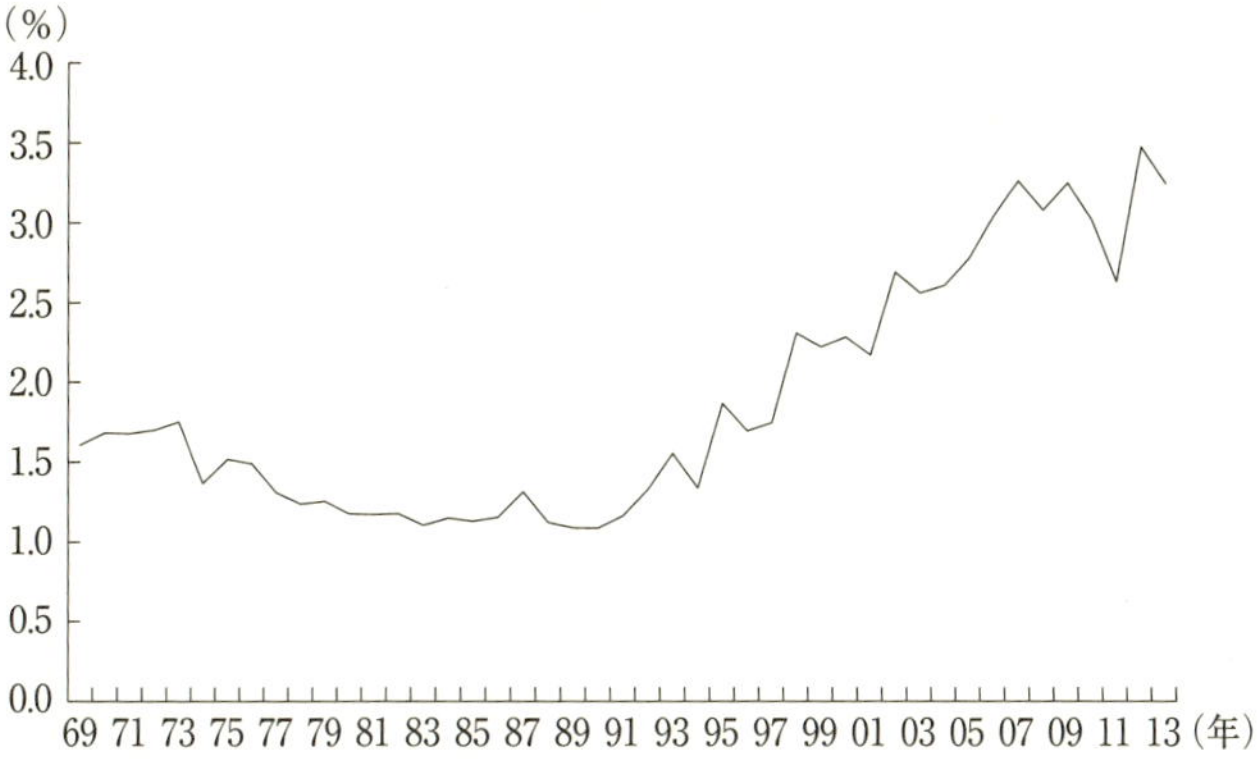

出所：財務総合政策研究所『財政金融統計月報』（昭和 48、49、53、57、61 年度、平成 2、6、10、14、18、22、26 年度、各年度予算特集号）より筆者作成。

を示した図表3-2からもお分かりいただけると思います。

同時に、第1話や第2話でも触れた、医薬品開発や再生医療など、数多くの画期的な研究成果が生まれ、国際的にも評価されています。イントロダクションでもご紹介したように、パソコンのような消費者向けIT技術の開発でも、一九七〇年代の終わりには、先導的な立場にありました。

それにもかかわらず、日本経済は長らく停滞を続けているのです。その間、図表0-3も示すとおり、巨額の損失を被ってきています。

これは、市場の質が良くないからではないか。パイプが老朽化して穴が開いているのか、なかが詰まっているのか、とにかく、技術を上手に活用する社会の仕組みが壊れたままになっているのではないか。このように考えると、日本社会の現状を打開する方法も見えてくると思います。

2　市場の質が下がるとき――技術革新と経済危機のアブナイ関係

前節で、市場は科学技術や地球資源を暮らしにつなぐパイプだと述べました。パイプのなかをニーズの高いところに向かって生産物が流れていきます。科学技術が変化すれば、暮らしにつなぐパイプの質も変化しなくてはなりません。しかし、過去の経験を見ると、市場というパイプの質の変化は科学技術の急激な進歩に追いつくことができないことが分かります。

◆産業革命が危機をもたらす

図表3-3をご覧ください。この図は、急激な技術革新の直後に、市場の機能が低下し、大きな経済危機が表れるという事実を示しています。本書では、その市場の機能の低下を市場の質の低下と見ているわけです。

図の横軸は「市場の質」、縦軸はその社会が持つ「本源的生産力」です。図のなかでC字型の曲線がジャンプしている箇所がありますが、これらはいずれも画期的な技術イノベーションを契機とする「産業革命」を示しています。

図の内容を簡単に説明しておきましょう。一八世紀から一九世紀には、第一次産業革命と呼ばれる技術革新が起きました。図では、一番下の曲線のジャンプがこれを示します。この技術革新は蒸気機関の発明を原動力とし、紡績産業などで工場の機械化が急速に進みました。しかし、工

図表 3-3　市場の質、科学技術、経済危機の相互関係

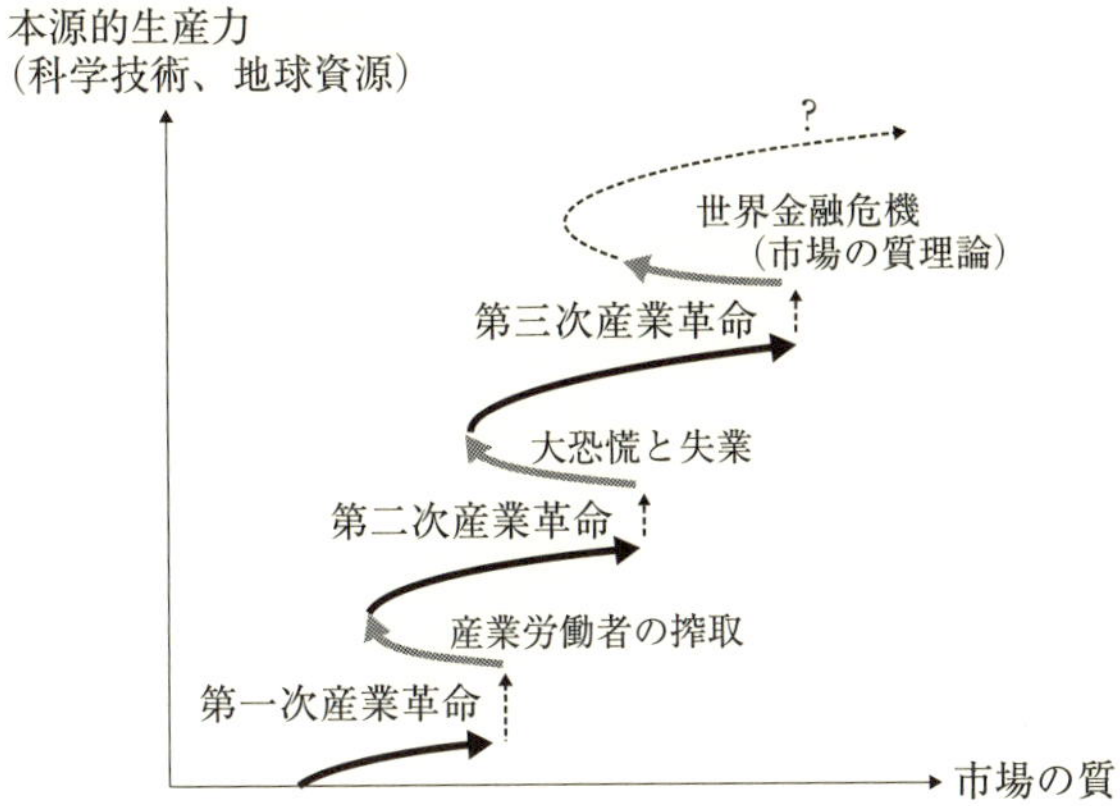

場での働き口に比べ、新しい技術を駆使する産業での仕事を求める労働者が急激に増加しました。その結果、労使の間に力の不均衡が生まれ、労働者の搾取につながりました。そうした社会問題がマルクスの経済学につながったのはよく知られています。

次の急激な技術革新は一九世紀の中ごろに、転炉の発明とともに起きました。転炉というのは、鋼鉄の製造費用を大幅に圧縮した技術で、その発明により、橋、建築物、鉄道レール、船などの大型化が一挙に可能になりました。しかし、それによって経済は一挙に過熱し、一八七〇年代の中ごろから二〇年以上にわたる大不況に遭遇しました。この大不況は一九三〇年代に大恐慌が訪れるまでは、大恐慌と呼ばれていたほどの規模でした。

転炉を中心とした技術革新は第二次産業革命の前期に相当するものです。第二次産業革命後期の技術革新の中心は電気動力の応用に基づいています。

一九世紀末から、電燈、電話、映画などの新しい

技術が相次いで発明されました。さらに、二〇世紀の初頭には、自動車をベルトコンベアに乗せて、流れ作業で組み立てる方式がフォードによって開発されました。それによって、自動車の組み立て費用が大幅に減少しました。この技術革新を背景として、第一次世界大戦後（一九一四〜一九一八年）、アメリカでは空前の好景気が続きました。

その好景気を一挙に終了させたのが一九二九年のニューヨークの株式市場の大暴落です。その結果、アメリカの証券市場は壊滅的な打撃を受け、多数の大企業の倒産を伴う大恐慌時代へと入っていきました。

大恐慌の直接のきっかけとなった証券市場の崩壊は、好景気の終りかけた時期に、証券価格のつり上げのため金融機関によって情報が操作され、それが過剰投資につながったためと言われています。

このように、第二次産業革命期には、科学技術の進歩と市場の機能の間には、二つの谷が存在します。しかし、図表3-3では、それを簡単化して、一つのC字型曲線で描いています。

二一世紀に入って生じた世界金融危機の背後には、IT革命によるコンピュータ技術や通信技術の飛躍的な進歩があったと考えられます。その結果、金融商品の性質が一変し、金融取引のあり方が大きく変化し、世界の金融市場が連動するようになりました。それが、サブプライム・ローンと呼ばれるアメリカ劣等住宅ローンを束ねた派生証券の市場の過熱をきっかけに、崩壊したわけです。

ローンのようなたくさんの個別の証券を束ねて、「輪切り」にすれば、リスクを吸収でき、より安全性の高い新商品が作れます。それが派生証券です。IT革命によって、たくさんの新しいタイプの派生証券が手軽にデザインできるようになり、市場の過熱につながり、それがいっきに冷却して起きたのが二〇〇八年の世界金融危機です。

◆良い市場を支える市場インフラ

産業革命のように、科学技術が急激に進歩すると、市場が危機的状態になる場合が多いということを、ここまでお話ししてきました。なぜ、そのようなことが起こるのでしょうか。それが分かれば、良い市場ができる道筋も見えてくると思います。

市場は社会のさまざまなインフラストラクチャー（基盤・下部構造）に支えられています。それらには、法律や制度、組織や政治（政策）などによって形づくられるものだけでなく、倫理・慣習・意識・文化・哲学など、人々の心のあり方にかかわるものもあり、そうした要素を支える教育なども含まれます。話を簡単にするため、こうした要素を市場インフラと呼ぶことにしましょう。

市場にとって市場インフラが大切なのは、市場が競争の場であり、市場インフラが競争のあり方を規定するからです。競争というのは、単に競い合うことではありません。ルールに則って競い合うのでなければ、競争にはならないということです。ボクシングは単なる殴り合いではなく、詳細に定められたルールに従っていると言えば、分かりやすいかもしれません。市場競争のルールやルールの枠組みを決定するのが市場インフラです。

市場の有効利用を可能にする市場インフラは、そのときどきの科学技術や生産力に応じて異なります。しかし、法律や制度、倫理や意識など、市場インフラの中身は変化の遅いものばかりですので、技術や生産力に合わせて市場インフラをすぐに作り替えることは困難です。その結果、急激な技術革新が起きると、それまでの市場インフラが陳腐化してしまい、経済危機につながります。

たとえば、大恐慌以前の欧米の商取引では、買い手が十分に情報収集をする（品定めをする）ことが求められていました。品定めが足りずに変なものをつかまされても、それは買い手の責任ということです。このルールは欧米では中世から続き、商取引における最も基本的なルールとされてきました。しかし、急速に拡大する証券取引の場のルールとしては不適切になり、アメリカの一九二〇年代の株価のバブルとその崩壊の原因となったと見なされました。

その結果、ルーズベルト大統領によるニューディール政策の一環として、証券市場の基本ルールとなる情報開示制度が導入されました。このルールでは、買い手が情報を収集する責任を負う代わりに、売り手が情報を提供する責任を負います。今日では、この制度が世界の共通ルールとなっています。

第二次世界大戦後のアメリカの経験も示すとおり、新しく、適切な市場インフラが作られると、市場の質は徐々に向上し、経済は成長します。それを示すのが、図表3-3にあるC字曲線の右上がりの部分です。

3　市場育成では、市場の質は改善しない

近年、我が国では、高い科学技術を持ち、技術振興に多額の費用をかけても、豊かさにつながらない状態が続いています。これは市場の質の低さからきていると私たちは考えています。しかし、我が国の市場の質が低いというのは、単に、技術と暮らしの相対的関係だけを見て言っているわけではありません。

我が国では、市場を育成するという表現がよく使われます。しかし、そのような表現が多用される経済では、良い市場は生まれません。市場育成というのは、日本経済がまだ発展途上だった時代の名残を色濃く残した表現です。先進経済では、市場は育成すべきものではありません。

市場は「大人」が集まる場所です。そういう場を「子ども扱い」にして、育成しようとしてもうまくいかないということです。

市場にはたくさんの人が参加します。自分は何を作りたいのか、何を使いたいのか、将来何が必要となるのかといったことについて、それぞれの人が自ら判断し、その判断に基づいて取引を行っています。「大人」と表現したのは、そうした判断ができる人たちのことを指しているからです。

多数の人がそれぞれに行う判断を、市場は的確に集約し、売り手から買い手へモノを流していきます。イントロダクションで、市場を無視した経済運営を行って、結局、崩壊してしまった旧ソ連についてお話ししました。逆に、市場をうまく利用すれば、モノが適切に流れ、人々が豊か

な暮らしを送ることができます。

つまり、市場は、個人個人が好き勝手なことをすることによって、全体としては、調和のとれた取引を可能にします。しかし、そのためには、市場に参加する一人一人の市場に対する影響力がバランスしていなくてはなりません。非常に大きな独占力を持つ企業があれば、市場の機能は損なわれます。

成熟した経済では、政府が市場を直接誘導することによって、市場育成を試みても、うまくいかない場合が多いと言えます。政府の市場への影響力が大きすぎるからです。経済が発展途上にあって、政府が民間よりも圧倒的な情報力を持っていれば、市場育成が成功する場合も少なくありません。そのようにして、一九六〇年代の高度成長も可能になりました。しかし、現代では、政府が市場を育成しようとすれば、かえって、市場の質は低下してしまいます。

4 良い市場を作る

図表3-3が示すように、市場の危機を乗り越えるためには、市場の高質化を図らなくてはなりません。実際、アメリカが一九三〇年代の大恐慌を乗り越えて、大きく発展したのも、制度改革を通じて、市場の高質化に成功したからだと見ることもできます。

これは、現代の世界金融危機でも、我が国の長期停滞でも同じです。それを乗り越えていくためには市場の高質化を図る以外に道はないと考えます。

良い市場を作るためには、法律や制度、意識など、適切な市場インフラを形成することが大切だと述べました。次にご説明するように、社会的な目的を達成するためには、迂回原理に従うことが不可欠だということは、二〇世紀社会科学の共通する理解です。

◆迂回原理に従う

何か目的を達成しようとしたら、たとえ遠回りに感じても、最初に手順を考え、準備をしてから仕事にとりかかるのが効率的です。一九世紀の経済学では、このような考え方を迂回原理と呼びました。

家族に夕食を食べさせることを目的とすると、コンビニでお弁当を買うのが最も直接的な手段の一つです。忙しい日には、それが最も良い手段になることもあるでしょう。しかし、時間さえあれば、自分で料理をするといった間接的な（つまり手間がかかる）手段をとるほうが、おいしい夕食が楽しめます。食材を集めて、下準備をする。そうした迂回的手順を踏むことで、より楽しい一家団欒の機会を作れるはずだということです。

直接的手段がうまくいくのは、単純な目的が設定された場合です。社会科学が対象とするような複雑なシステムのなかで目的を達成しようとしたら、遠回りしても、間接的な方法をデザインするほうが望ましい結果が得られるというのが、二〇世紀の社会科学の教えるところです。

◆迂回原理と社会科学

二〇世紀になって、いろいろな社会科学の分野で、迂回原理と同じ考え方が、もっと精緻な形で確立されました。前節では、人類は、新しいルールの構築によって、産業革命後の経済危機を切り抜けてきたとお話ししました。社会組織における人間の活動は最初にルールが設定されていなければ、円滑には進みません。そうしたルールのデザインを考えることを、法学では立法論と言いますが、それも迂回原理に従うものです。

政治学や経営学によく出てくるガバナンスも同じです。ガバナンスという考え方を簡単に説明すると、目的達成に向けたルールづくりのことだと言うことができます。家で夕飯を食べられない事情ができたら必ず連絡するといったルールは家庭のガバナンスには不可欠です。国家には国家で、三権分立といったルールがなくてはなりません。そうしたルールづくりがガバナンスです。

経済学では、単にルール設定だけではなく、経済活動を円滑に行うためのシステムの設計をメカニズム・デザインと呼びます。市場の高質化には、市場を支えるルール、制度、倫理や意識、人々の考え方、教育など、さまざまな要素を適切にデザインしなくてはなりません。その方法は、それぞれの時代が持つ科学技術水準で異なるというのが、市場の質理論の教えるところです。

第4話

社会問題からイノベーションを考える
――科学技術振興政策の革新と実践

浜野　潤
（株式会社電通顧問、電通総研上席フェロー、元内閣府事務次官）

倉持隆雄
（内閣府政策統括官（科学技術・イノベーション担当））

川上伸昭
（文部科学省科学技術・学術政策局長）

私たちは、それぞれ所属・部署は異なりますが、政府の政策立案・運営の現場で、科学技術振興政策に携わってきました。ご存知のように、日本は世界的にも優れた科学技術をたくさん生み出してきましたが、その一方で経済は長く停滞しています。「なぜ、科学技術の研究成果が経済成長につながらないのか」。これは、政府にとっても重要な問いであり続けてきました。

この問いを第2話で紹介された「バックキャスト」を用いて考えるなら、「科学技術を豊かさにつなげる」には「豊かさに向かって科学技術を開発する」ということになるでしょう。つまり、社会的なニーズを見通して技術的なシーズを生み出し、それを商品化・事業化へとつなげ、市場を通じて人々の暮らしにまで届けることです。

もちろん、研究開発の主役は企業や大学などの研究開発機関ですし、それを人々に届けるのは市場の役割です。しかし、第3話で見たように、「市場の高質化」には、その基盤（インフラ）として制度・政策が大切な働きをしています。私たちの仕事は、まさに制度・政策を整えて、質の高い研究開発を推進し、その成果を暮らしに届けるお手伝いをすることだと言えます。

そこで、この第4話では、現在の成長戦略における科学技術イノベーションの位置づけと、内閣府の科学技術・イノベーション政策の基本的な考え方を説明し、最後に具体例として現在進められている内閣府と文部科学省の取り組みをご紹介したいと思います。

1　目指すべき社会を描く

◇二〇年前に描いた「二〇年後の将来」

まず、皆さんにご覧いただきたいものがあります。図表4-1は、経済審議会二〇一〇年委員会が一九九一年にまとめた「二〇一〇年への選択」という報告書の骨子です。まさに、二〇年前の私たち日本人が二〇年後の日本の未来像を描き、その目標に向けて取り組むべき課題を設定したものです。

あれから約四半世紀を経た今日から振り返ってみても、当時の人々が目標とした未来像や取り組むべき課題は、決して間違っていなかったことが分かります。また、一定の成果をあげた分野もあると言ってよいでしょう。しかし、それでも私たちは、多くの課題を積み残したままだと言わざるをえません。

その後も二〇〇四年に経済財政諮問会議が「日本二一世紀ビジョン」をまとめています。ここでは二〇三〇年に向け、日本が「目指すべき将来像」として「開かれた文化創造国家」「健康寿命八〇歳」社会、「豊かな公、小さな官」といったビジョンが描かれ、一方で「経済が停滞し、縮小する」「グローバル化に取り残される」「希望を持てない人が増え、社会は不安定化する」といった「避けるべきシナリオ」も示されました。残念ながら、その後の日本は後者へと傾きつつあるように感じられます。

図表 4-1 「2010年への選択」（骨子）

●我が国を取り巻く環境
①国際社会に占める存在の増大
（「地球化・地球市民の時代」）
②人口動態の変化
（「２周目の人生の充実の時代」）
③ゆとりと豊かさへの志向の高まり
（「味わいの時代」「多様性と選択の時代」）
④科学技術の進歩と情報化の進展
（「人間に身近な科学技術の時代」）

●2010年頃にかけての経済の姿（成長率）

年度	1981 ～ 90	1990 ～ 2000	2000 ～ 2010
予測（%）		3¾ ～ 1¾	2¾ ～ 1½
実績（%）	4.9	1.1	0.8

●これから目指すべき社会
①「地球化時代にふさわしい社会の構築」
②「安心して暮らしを味わえる社会の構築」

●取り組むべき課題
①国際社会への貢献
②高齢者や女性が安心して暮らし活躍できる社会の構築
③時間の充実
④時代に応じた新しい人づくり
⑤環境・資源エネルギー問題の克服
⑥科学技術の振興
⑦東京一極集中問題への対応と魅力ある地域づくり
⑧社会資本の整備

出所：経済審議会、1991年。

図表 4-2　「日本再興戦略」（骨子）

- 成長への道筋
  - ①民間の力を最大限引き出す
  - ②全員参加・世界で勝てる人材を育てる
  - ③新しいフロンティアを作り出す
  - ④成長の果実の国民の暮らしへの反映
- 3つのアクションプラン
  - ・日本産業再興プラン
    （産業の新陳代謝、雇用制度改革・人材力強化、科学技術イノベーション強化、IT の利活用促進、立地競争力強化、中小企業の革新）
  - ・戦略市場創造プラン
    （「健康寿命」の延伸、クリーンなエネルギー需給、次世代インフラの構築、地域資源で稼ぐ社会）
  - ・国際展開戦略
    （戦略的通商関係構築、海外市場の獲得、内なるグローバル化の促進）

出所：内閣府、2013 年 8 月。

◆日本再興戦略

こうした反省のうえにまとめられたのが、二〇一三年の「日本再興戦略」です（図表4-2）。ご存知のとおり、これは安倍政権が掲げた「金融・財政・経済成長」に関する「三本の矢」の三本目にあたる「成長戦略」を実現するためのものです。その柱の一つとして、科学技術イノベーションの強化が謳われ、科学と経済の結びつきが明確に打ち出されました（この点は、後ほど詳しくお話しします）。

2　イノベーションをいかに生み出すか

◆科学技術基本法と科学技術基本計画

日本の科学技術政策の拠りどころとなるのは、一九九五年にできた「科学技術基本法」です。以来、一九九六年から五年ごとに政府は「科学技術基本計画」を策定し、科学技術の振興に取り組んできました。現在は、その第四期にあたり、二〇一一年から二〇一五年までの五年間で約二五兆円規模の予算を投入しようとしています。

実は、現在の第四期とそれ以前との間には、考え方に違いがあります。たとえば第二期では、基本理念として①新しい知の創造、②知による活力の創出、③知による豊かな社会の創生、の三つを掲げ、政策の柱として基礎研究とともに重点分野を設定しました。これは、今後研究が活発になると予想されるライフサイエンスなどの分野に重点投資するものでした。

これらの取り組みは、研究の振興としては一定の成果をあげたと思います。ただし、それだけでは社会につながっていきません。優れた研究の成果をどうやって社会に還元していけばよいのか。こうした問題意識から、第四期計画のように「社会の課題」を設定し、その課題を解決するための重点分野を選定しようという考え方が出てきたのです。

また、社会の課題を解決するのに、研究開発を促進するだけでは不十分です。新たな技術を活用しやすくするためには、従来の規制を緩和するなど法や制度を変更したり、省庁横断的に政策体系を作り直したりする必要が出てくるかもしれません。

つまり、研究開発の推進、組織・制度の改革、さらには社会における利害調整や合意形成といった取り組みを一体的に進めることで、目指すべき目標を実現できると考えるのです。しかし、現実の競争力低下はなかなか食い止めることができません。何か、この状態から脱出するための「ブースター」が求められていました。

3　課題対応型の科学技術振興へ

◆科学技術イノベーション総合戦略

そこに登場したのが安倍政権です。先述のとおり、安倍内閣は「三本の矢」のなかで成長戦略と科学技術イノベーションとを明確に結びつける方針を打ち出しました。所信表明演説における安倍首相の次の言葉は、日本の新しい科学技術政策の考え方を端的に示していると思います。「イノベーションと制度改革は、社会的課題の解決に結び付くことによって、暮らしに新しい価値をもたらし、経済再生の原動力となります」（第一八三回国会、二〇一三年一月二八日）。

そして、この推進機関と位置づけられたのが、内閣総理大臣を議長とする総合科学技術会議（二〇一四年五月より総合科学技術・イノベーション会議）です。この会議では、第2話で登場された青木玲子・一橋大学教授も民間の有識者議員を務めておられましたが、有識者議員が半数を占め、関係閣僚や行政機関長としての日本学術会議会長とともに、日本社会の将来像や科学技術振興政策についてご議論くださっています。

図表4-3は、同会議によって二〇一三年六月にまとめられた「科学技術イノベーション総合戦略」で描かれた二〇三〇年の社会像と、そこからバックキャストした科学技術振興の基本的視点を抜粋したものです。

また、「科学技術イノベーション政策推進のための3つの視点」――「スマート化」「システム

図表 4-3 「科学技術イノベーション総合戦略」(抜粋)

●2030年に実現すべき我が国の経済社会の姿
・世界トップクラスの経済力を維持し、持続的発展が可能となる経済
・国民が豊かさと安全・安心を実感できる社会
・世界と共生し人類の進歩に貢献する経済社会
●科学技術イノベーション政策推進のための3つの視点
・スマート化 「目指すは各産業の知識産業化」
・システム化 「'強み' を組み合わせて付加価値を倍増」
・グローバル化 「視線を上げて世界へ」

出所：内閣府。

化」「グローバル化」——から取り組むべき具体的テーマとして、総合戦略は①クリーンで経済的なエネルギーシステム、②健康長寿社会、③次世代インフラの整備、④地域資源を活用した地域の再生、⑤東日本大震災からの早期復興、という五つの課題を掲げています。これら五つの課題が各省庁に下ろされ、具体的な研究プロジェクトとして実行されることになります。

◆戦略的イノベーション創造プログラム

ただし、ここで一つ注意しなければなりません。社会の現実的問題を解決するために研究開発課題を設定したはずなのに、個々の研究開発プログラムが省庁の壁によって「縦割り」にされてしまっては、十分な成果が期待できないからです。現実社会の問題に垣根がない以上、それを解決する研究開発プログラムにおいても、省庁の壁、学問の壁、企業の壁、自治体の壁などを乗り越えて、一体的に取り組む必要が出てくるでしょう。

そこで、内閣府では一つの試みとして、戦略的イノベーショ

ン創造プログラム（SIP: Cross-ministerial Strategic Innovation Promotion Program）という制度を作りました。これは、総合科学技術・イノベーション会議（CSTI: Council for Science, Technology and Innovation）が各府省の課題や取り組みを俯瞰して、組織・分野横断的かつ一体的に推進すべきものを選定し、基礎研究から実用化へ、さらに事業化までをも見据えた研究開発を推進するものです。このために、予算も重点的に配分されます。

この制度の最大の特徴は、その運営システムにあります。まず、ＣＳＴＩのもとに同会議の有識者議員等で構成される「ガバニングボード」を設置し、プログラムの助言や評価を行います。そのうえで、課題ごとに企業や大学で活躍される方々を「プログラムディレクター（ＰＤ）」に選定して大きな権限を与え、さらにＰＤを議長とする「推進委員会」を設置しています。推進委員会は、研究開発の実施担当のみならず、規制に関係する省庁の責任者や外部の専門家などもメンバーとすることで、各組織間の連携とプロジェクトの推進を円滑にします。

これまでの科学技術政策は、優れた研究者に研究テーマを提案してもらい、政府が資金を配分するようなシステムでした。このような制度でも新たな技術は生まれましたし、その技術をもとにして数多くの「大学発ベンチャー」が誕生しました。しかし、優れた研究者でありつつ優れた起業家でもあるという例は、あまり多くないようです。第1話にもありましたが、日本でベンチャー企業が増えていかない大きな要因は、技術から商品化・事業化へのつなぎ役となる、優れた経営人材や投資家が不足している点にあるように思われます。

冒頭でお話ししましたように、「研究開発成果を経済成長につなげる」とは、社会的なニーズを見通して技術的なシーズを生み出し、それを商品化・事業化へとつなげ、市場を通じて人々の暮らしにまで届けることです。広い視野と大きな構想力を備え、組織運営の経験も豊富な人材が増えて、ＰＤのような立場でもっとリーダーシップを発揮できるようになれば、きっとイノベーションが経済再生の原動力になっていくはずだと期待しています。

◆科学技術政策から科学技術イノベーション政策へ

以上、内閣府が推進する新たな科学技術振興政策の枠組みをお話ししてきました。ご紹介できたのはごく一部ですが、その考え方の特徴を端的に表現すれば、「科学技術政策から科学技術イノベーション政策へ」となります。

このように意識を変えると、政策領域のうえでも、時間軸のうえでも、視野が大きく広がります。また政策にかかわる人々も、大学や企業の研究者、ベンチャー起業家、各省庁の担当者など、多種多様になります。それを上手にコーディネートするのが、政府のなかでも各省庁のまとめ役である内閣府の役割だと言えるでしょう。

先ほど引用しました第一八三回国会では、安倍首相の次のような言葉もありました。「『世界で最もイノベーションに適した国』を創り上げます。……世界中の研究者が日本に集まるような環境を整備します」（施政方針演説、二〇一三年二月二八日）。もちろん、イノベーションの主役は民間の企業や大学の人々です。政府の仕事はあくまで「適した国」を創ること、すなわち活発なイノベーション活動を支える基盤（インフラ）を整えることだと考えています。

4　世界で最もイノベーションに適した国へ

それでは最後に、科学技術イノベーション政策の牽引役である内閣府と、予算面で一番大きな割合を占めている文部科学省の政策事例を通して、制度基盤づくりのための具体的な取り組みをご紹介します。

◆センター・オブ・イノベーション（COI）プログラム

ＣＯＩプログラムは、名称のごとくイノベーションのための拠点を形成するもので、イノベーションを推進する「エンジン」となることが期待されています。

ここでは、まず一〇年後の日本で、人や社会がどのように変わるべきかといった目指すべき社会像を描き、そこからバックキャストされた研究課題が設定されます。課題を選ぶのは、「ビジョナリーリーダー」です。このビジョナリーリーダーが社会的ビジョンを先導する役割を担い、拠点のあり方を構想し、必要な人材を集めます。

また研究には、通常の研究環境では実現しにくい、異分野融合・連携型のアプローチが奨励され、さらに技術的には難しくとも実現すれば社会的・経済的インパクトの大きい、意欲的・野心的でハイリスクなテーマが選ばれます。

それと言うのも、革新的なイノベーションは挑戦的な研究活動によって実現するものですが、それだけにリスクも大きくなるため、企業単独ではなかなか取り組みにくいものです。そこで、国がリスクの一部を引き受けて企業の挑戦を後押しし、さらに大学や自治体との連携を支援するのです。支援には、人材の交流やリスクマネーの調達を容易にするための規制改革も含まれます。まさに、基盤整備と言えるでしょう。

このプログラムは二〇一三年から始まり、全国に一二の拠点を選定して、最長九年間にわたって支援し、イノベーションを起こそうとしています。たとえば拠点の一つである京都大学は、パナソニックと提携して「活力ある生涯のための Last 5X イノベーション」というプロジェクトを進めています。これは、電力伝送とセンサーネットワークに関するコア技術を予防医療や先端医療に結びつけ、現代の私たちが「エネルギー」「孤立化」「健康」「自然環境」に関して抱いている不安を解決しようというものです。

そのほかにも、東北大学と東芝、名古屋大学とトヨタなどが連携して、革新的な研究開発に取り組んでいます。

◆革新的研究開発推進プログラム

革新的研究開発推進プログラム（ImPACT）をご紹介します。このプログラムは、実現すれば産業や社会のあり方に大きな変革をもたらす、いわゆるディスラプティブ（disruptive）なイノベーションを目指すもので、ハイリスク、ハイインパクトな挑戦型の研究開発プログラムです。

総合科学技術・イノベーション会議が大括りなテーマを設定し、それに沿って、大胆でインパクトのある構想を持つプログラム・マネジャー（PM）を公募により選定のうえ、そのPMに大きな権限を付与します。PMは、科学技術振興機構（JST: Japan Science and Technology Agency）に所属し、CSTIのもとに設置されたImPACT推進会議が助言・評価を行う仕組みを作り、JSTがPMの活動を支援します。

現在各PMが進めている研究開発プログラムを紹介しますと、たとえばスマートフォンのようなモバイルIT機器を充電しなくても一カ月間使用可能とする技術の実現、鋼鉄の三四〇倍の強靭性を持つクモの糸を超える高機能タンパク質の自在な生産、脳の情報を簡便・高精度に取り出して教育や健康増進に活用する手法開発など、SF小説に出てきそうな研究開発が並んでいます。超えなければならないハードルは高いですが、実現すれば我々の社会生活に大きな変革をもたらすでしょう。

◆最先端研究開発支援プログラム

三つ目にご紹介するのが、二〇〇九年度から二〇一三年度まで取り組まれていた最先端研究開発支援プログラム（FIRST）です。これは、世界トップレベルの研究開発成果を生み出すことを目指して、当時の総合科学技術会議が、日本を代表する三〇人の中心研究者を選び、FIRST推進会議が助言・評価を行う仕組みを作り、中心研究者に研究実施上のリーダーシップを任せたうえで、五年間、思い切った研究を進めてもらうというものでした。

この顕著な成果として、山海嘉之教授（筑波大学大学院）のチームによる医療用のロボットスーツ「ＨＡＬ」の開発が挙げられます。すでにヨーロッパでは医療機器としての認証を取得し、日本でも医療ロボットとして臨床試験に入っていますし、福祉機器としても実用化が図られつつあります。

ほかにも、岡野光夫教授（東京女子医科大学大学院）のグループによる細胞シート自動化装置の開発や、片岡一則教授（東京大学大学院）のグループによるナノテクを用いた薬剤送達システムの実用化研究など、世界最先端の技術が私たちの暮らしに届くまであと一歩のところに来ています。

以上、革新的な研究開発プログラムの例をご紹介しましたが、いずれにも共通するのは、将来の社会を見据えて新たな技術を構想することの大切さ、そして、その研究開発に挑戦し実現できる人材を育成することの重要さです。したがって、人々の暮らしと科学技術とをつないで未来の社会を構想できる視野と思考力を持った人材の育成が今日の最重要課題の一つと言えるでしょう。つまり、研究の中にいるのではなく、研究全体を見る立場に立ち、社会との接点を構築するという視点を持った人材を探し出し、育成し、活躍を促すことが、科学技術の成果を真のイノベーションに昇華させるために必要なことであると考えているところです。そういう考えに基づくのが、ご紹介した事例で言えば、ＣＯＩプログラムの「ビジョナリーリーダー」や、ＩｍＰＡＣＴの「ＰＭ」にあたります。本書の第Ⅲ部には大学改革の話が出てきますが、次代を担う人材こそが日本の切り札であり、そのために大学が担っている重責は強調してもしすぎることはありません。

なお、この第4話は科学技術振興政策の考え方や制度的枠組みを中心にお話ししましたので、ここでご紹介できた研究事例はほんの一部にすぎません。興味を持たれた方は、内閣府総合科学技術・イノベーション会議のホームページ（http://www8.cao.go.jp/cstp/）や文部科学省革新的イノベーション創出プログラムのホームページ（http://www.mext.go.jp/a_menu/kagaku/coi/）も、ぜひご覧になってみてください。

第Ⅱ部

ニーズからシーズへ
エビデンス・ベース社会を作ろう

第5話

ニーズからシーズへ
——エビデンス・ベース社会を作ろう

矢野　誠
（京都大学経済研究所教授、附属先端政策分析研究センター長）

1　ニーズをシーズにつなげる社会システム

科学技術を豊かさにつなぐためには何が必要なのでしょうか。イントロダクションでお話ししたとおり、それを考えるのが、この本の全体を通じたテーマです。

第Ⅰ部では、日本をリードする自然科学者、社会科学者、政策担当者をお招きし、どのようにしたら我が国が誇る科学技術力を暮らしに還元できるかを考えてきました。医薬品開発の最先端におられる松岡教授のお話（第1話）からは、今でも、我が国が科学技術の最先端を牽引している様子を感じ取ることができます。また、内閣府の浜野元次官、倉持統括官、さらには、文部科学省の川上局長のお話（第4話）からは、政府がいろいろと智恵を絞り、科学技術振興に本当に真剣に取り組んでおられることが分かります。しかし、同時に、そうしたお話からも、また、我が国の法と経済学研究をリードする青木教授のお話（第2話）からも、必ずしも科学技術を十分使いこなせていないと感じておられることもうかがい知れます。

そうしたお話を受け、第Ⅰ部では、科学技術の有効利用には良い市場を作るのが大切なことをご説明しました。市場のような複雑な社会組織を改善するためには、たとえ、遠回りに感じても、適切な社会システムを設計しなくてはならないとも述べました。

そのためには、どういう社会システムを作ればよいのでしょうか。第Ⅱ部では、それについて具体的なお話をしましょう。

◆ニーズをつかんだ製品が世界を席巻してきた

これまで、ＩＴ産業では、ニーズ（必要性）を的確につかんだ製品が世界を席捲してきました。この事実は、ニーズからシーズ（種）に向けての技術開発が不可欠であることを示しています。

イントロダクションでもお話ししましたが、一九七〇年台後半には、アメリカと日本で同時進行的に家庭向けコンピュータの開発が行われました。しかし、日立やＮＥＣによって、当時開発されたシステムは淘汰され、今ではＩＢＭとアップルが開発したシステムだけが生き残っています。

これはなぜなのでしょうか。私は、ＩＢＭやアップルがそれぞれの時代のニーズにマッチした製品を世に送り出すことができたからだと考えます。

パソコンが発明されたばかりの一九八〇年台から一九九〇年代にかけて、ＩＢＭ・ＰＣが世界を席捲し、アップルの業績も低調な時代が続きました。当時は、多くの人がＰＣの有用性に気づき、より速く、より多目的性を持つ製品を求めていました。ＩＢＭ・ＰＣが世界を駆け巡ったのは、そのためだと思います。

ＩＢＭは発売当初から、ソース・コードと呼ばれるアプリケーション・ソフトウェアの基礎となるソフトウェアを公開していました。その結果、とくにＩＢＭと関係ないプログラマーたちにも自由に汎用ソフトが開発でき、非常に便利なものが数多く発売されました。それが、ＩＢＭ・ＰＣが市場を席捲できた理由だと言ってもよいでしょう。

他方で、アップルはソース・コードを一般には開放しませんでした。そのため、一九九〇年代には、アプリケーション・ソフトで見劣りし、市場に浸透できず、低迷を続けました。

ご承知のとおり、今のＩＴ市場はアップルによって席捲されています。ここ十数年間のＩＴ市場でのニーズは、速さや多目的性よりも、美しさや使いやすさにあるように見えます。アップルはこのニーズをうまくつかんだ会社の代表例でしょう。

◆「必要は発明の母」――ニーズがシーズを引き出す

このように、ＩＢＭもアップルも時代のニーズをつかむシーズ（新製品）を開発して成功しました。しかし、ニーズからシーズへ向けた技術開発の重要性は、今、気づかれたことではありません。

「必要は発明の母」と言ったのはトマス・エディソンです。ご承知のとおり、エディソンは一九世紀終わりから二〇世紀初めにかけて、電燈や映画など、現代社会で広く利用されている新しい技術を数多く開発しました。

「必要は発明の母」という表現は、「ニーズ」が母体となって、「シーズ」を生み出していることを意味しています。どちらの表現も、需要（ニーズ）がないモノには、価値は見出されないという経済学の根底に流れる考え方を反映しています。道端に落ちている石ころが見向きもされないのは、石ころへの需要がないからです。他方で、ダイヤモンドが非常に高価なのは、多くの人のニーズがあるからです。ニーズがモノの価値や新しい「シーズ」を引き出していると言ってもよいでしょう。

一〇〇年後のアメリカがＩＴ革命を牽引できたのは、「必要は発明の母」というエディソン個人の発明家の見方を市場全体で実現することに成功したからだと思います。とくに、ベンチャー市場や株式市場に象徴される資本市場が高度に発達し、技術開発を最終的な製品につなぐことに成功しています。そこで、次に、資本市場がアメリカのＩＴ革命に果たした役割をお話ししましょう。

2　資本市場——分業によってニーズを実現する

第3話では、市場は科学技術と暮らしをつなぐパイプだと述べました。そういう話を聞かれて、皆さんは、市場と豊かさをつなぐ一本のパイプのイメージを持たれたかもしれません。実際、図表3-1のパイプの図も、そのように描かれています。しかし、これからお話ししたいのは、科学技術と暮らしが、資本市場というもっと複雑な構造を持った市場（パイプ）でつながれた世界です。

資本市場というのは、企業が資金を調達するために発行する証券を取引する市場全体を指した言葉です。そのなかで、企業の育成に中心的役割を果たすのが、株式市場とベンチャー市場です。現代社会で科学技術を豊かさにつなげようとしたら、この二つの市場が不可欠です。

◆リンゴ市場と分業

欧米では、株式市場やベンチャー市場で調達される資金を使って、スタートアップ企業から株式市場に株が上場されるような成熟企業へと育成されます。他方、我が国では、ベンチャー市場が発達しておらず、科学技術開発にはほとんど寄与していません。そこで、欧米で行われている市場を通した科学技術開発のイメージを簡単化して、ご紹介しましょう。

そのためには、日本のリンゴ産業の話から始めるのがよいでしょう。突然、リンゴの話になるのは、企業の育成がリンゴの生産と構造的によく似ているからです。リンゴ生産には、まず、種や苗木を選ばなくてはなりません。そうして生産する品種を決めたら、苗木を植え、若木に育てる必要があります。そうして、成木ができ、実がなったら初めてリンゴを売り出すことができるわけです。

昔は、植えつけから収穫まで、一人の生産者が行っていた時代もあったはずです。しかし、今は、そうではありません。

リンゴ生産者が直接、苗木を育て、品種改良を行うわけではないということです。リンゴ産業では分業が進み、リンゴの生産に特化する農家もありますし、リンゴの苗木を育てる事業に特化する農家もあります。さらに、新品種の開発に特化する研究機関も数多く存在し、競争で新しい品種のリンゴを開発しています。図表5-1では、分業でリンゴ生産が行われるシステムを描いています。

このような特化が起きるのは、分業に利益があるからです。世の中にはたくさんの人がいます。

図表5-1　技術開発の分業

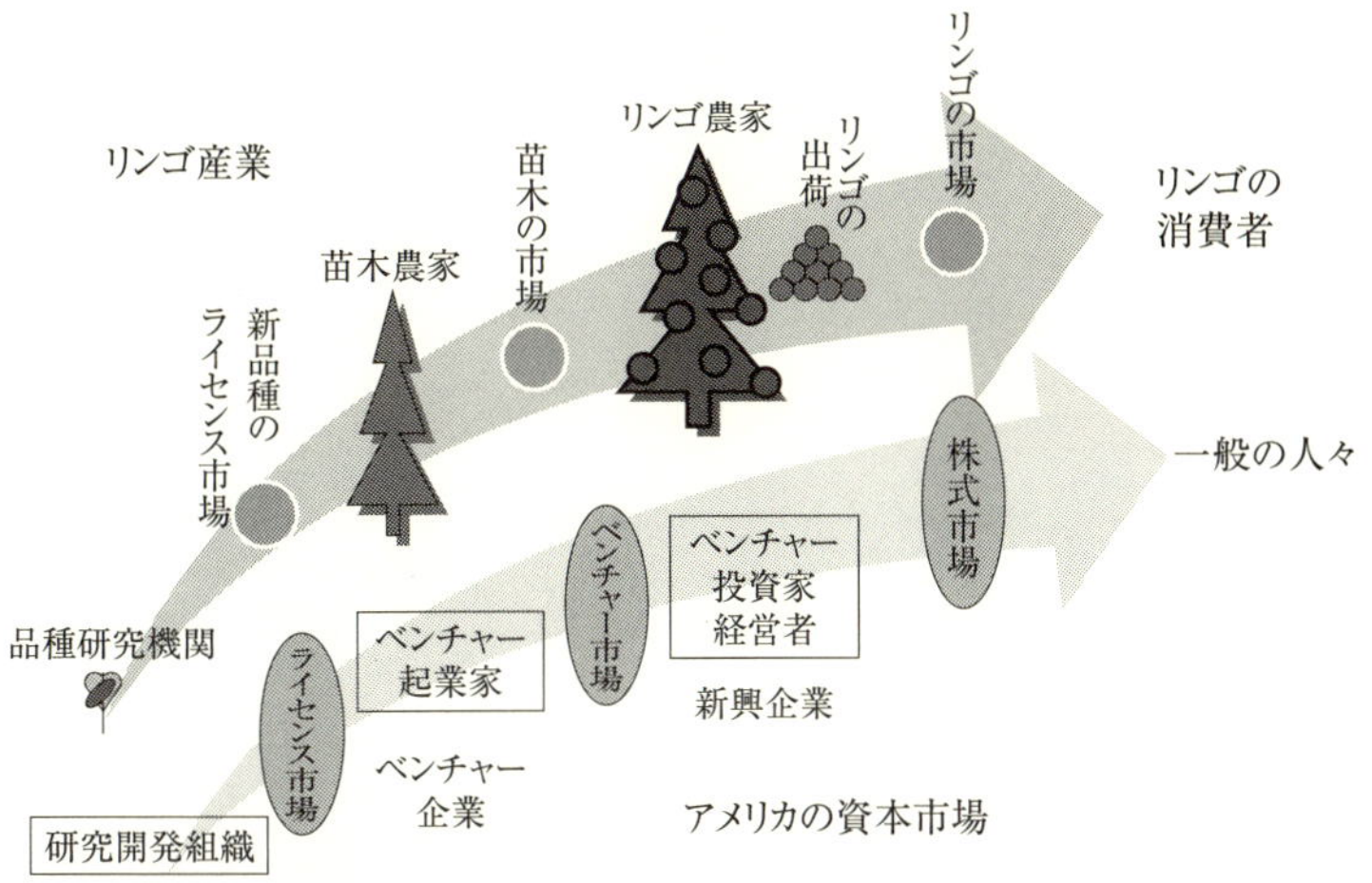

そういう人たちがそれぞれ自分に最も合ったタイプの仕事に従事することで生産性が高まるというのが一八世紀の経済学者アダム・スミスが発見した分業の理論です。

　苗木の育成からリンゴ生産まで一貫して行っていたリンゴ農家が、リンゴ生産者とそれに素材を提供する苗木生産者に分化するような現象を垂直分業と呼びます。生産者たちの垂直分業が進めば、隣り合わせで分業する業者の間に取引が発生します。その結果、必然的に、生産物市場だけでなく、苗木市場が生まれ、新品種の市場が生まれます。開発された新品種には特許権が与えられますので、新品種の市場では、特許ライセンスが取引されると見なすこともできます。こうした垂直分業を基礎とする市場システムを作ることで、複数の階層の生産者の間の間接的な協力関係が形成され、ニーズからシーズに向けて技術開発を行う産業が作られます。

リンゴ産業で成功するには、リンゴの需要を拡大することが大切です。そのためには、品種を改良し、もっとおいしく、もっと安価なリンゴを作るのが重要です。その品種改良に携わるのが、地方自治体、大学、民間などの研究機関です。そうした機関は、ニーズを見ながらシーズを引き出すために、研究開発に専念しています。それを可能にするのが、生産物、苗木、新品種の開発のそれぞれに特化した垂直分業的市場システムです。

◆資本市場──「必要が発明の母」となる社会システム

アメリカの科学技術開発は、今、ご紹介したリンゴの新品種の開発と非常によく似た垂直分業的市場を通じて行われます。図表5-1では、両者の対応関係も示してあります。

新品種の開発は研究開発（R&D）、苗木の育成はベンチャー企業の育成、リンゴの生産は新興企業の育成に相当します。それぞれの階層に専門家がいて、分業で企業育成が行われます。さらに、隣接した階層はリンゴ産業よりもずっと複雑で、高度な市場でつながれています。

技術開発を行うのは研究者や研究開発（R&D）企業です。そうした研究開発者によって開発された技術は技術のライセンス市場で取引されます。

ベンチャー起業家は、製品の将来性を見て、どんな製品を作るかを決定した後、多くの場合は自己資金で、スタートアップ企業を興します。企業が軌道に乗り始めたら、企業規模をさらに拡大しようと考えるのが普通です。そのための資金が調達されるのがベンチャー市場です。

ベンチャー市場はリンゴの苗木の市場に似ています。起業家は自分の企業の所有権の一部を株式としてベンチャー投資家に売り渡し、資金を調達します。企業が本格的に軌道に乗ると、企業の株式は株式市場で上場されます。

株式市場はリンゴが一般消費者に販売される生産物市場に似ています。上場というのは、企業の所有権を、株式として細かく分割し、一般投資家に販売することを意味しています。一般投資家が従事する株取引というのは、上場された株が転売され、その後、何度も転売される際の取引のことを意味しています。

このように、アメリカでは、成長過程の各段階で、研究開発者や起業家やベンチャー投資家という専門家が存在し、垂直的分業によって企業が育成されています。そうした専門家をつなぐのがベンチャー市場や株式市場です。

それぞれの成長段階の企業は自らの生産物を製品市場で販売します。製品の売れ具合を見て、一般投資家やベンチャー投資家は企業へ投資を行います。投資家に人気のある企業や業種にはたくさんの投資資金が流れ込み、資金調達を行いやすくします。製品の買い手や投資家の人気を見て、起業家は起業の意思決定をするので、人気の高い業種の技術開発が活性化します。

このようにして、最終的な生産物へのニーズから開発されるべきシーズが引き出されていきます。新たな技術開発に成功すれば、そこからの利益が人々を豊かにし、新たなニーズが生まれ、それがさらなるシーズの開発につながっていきます。

現代社会では、新しい技術の開発は、ニーズを的確に把握できる専門家によって、系統的に行われなくてはなりません。大昔のリンゴ栽培のように、長い年月のなかで、たまたま生まれた新しい品種を何年もかけて育て、普及させるというのは現代の技術開発ではありません。ニーズからシーズへ向け、系統的に技術開発を行うには、製品から技術まで適切な分業関係が築けるように、その間をつなぐ市場を発展させなくてはなりません。その役割を担うのが、株式市場であり、ベンチャー市場です。

◆証券会社による情報開示制度の推進

第3話でもお話ししたように、アメリカの資本市場改革は大恐慌の時代に始まりました。すでにお話ししましたが、大恐慌は一九二九年の株式市場の崩落をきっかけとし、その後、一〇年以上にわたる景気の低迷のことを指しています。

大恐慌時代、一九三三年にニューディール政策の一環としてルーズベルト大統領が採用した「証券法」に基づいて、証券市場の情報開示制度の基礎が作られました。情報開示制度は、景気回復のために即効性を持つわけではありません。しかし、長期的にはアメリカの証券市場の体質を転換し、現代に至るアメリカ経済の成長の基礎を作りました。現代では、ほとんどすべての先進経済で受け入れられた、基本的制度になっています。

情報開示制度が証券市場の体質を改善するには、証券市場の参加者たちに受け入れられなくてはなりません。それに貢献したのが、一九四〇年代に入って、情報開示に基づく営業という方針を打ち出し、企業改革に乗り出したメリル・リンチという新興証券会社（投資銀行）でした。

創立者のチャールズ・メリルは（一八八五～一九五六年）は投資家の意識調査によって、市場の信頼を失ったことに証券業界の停滞の原因があることを突き止めます。そこで、信頼回復のために打ち出した営業戦略が、その後のアメリカの証券市場での商売のあり方を一新し、メリル・リンチ社を大手証券会社へと押し上げました。

ここで、メリルがとった新しい営業戦略の一端をご紹介しましょう。

① 自社の営業マンの報酬を出来高制からサラリー制へ変更
② 自社に関する詳細な年次報告の作成と一般配布
③ 証券アナリストやエコノミストによる証券発行企業のデータや経済データの作成と一般公開

こうした営業戦略は、今では、アメリカでも日本でもごく一般的なものです。しかし、当時は、非常に斬新で、画期的なものでした。

一つ目のサラリー制移行は、損なわれてしまった信頼を証券会社が回復するには不可欠という、メリルが雇ったコンサルティング会社の強いアドバイスによるものでした。これは、当時の業界としては常識破りの制度で、メリル自身も採用すべきか否かを深刻に悩んだと述べています。

二つ目の自社の業績を示す年次報告の作成は、当時の証券会社には求められていないものでした。通常の企業が自社の業績を示すために発表していたものです。メリルは営業戦略の一環として、そうした商慣行を変え、顧客のニーズに見合った情報を提供することで、市場開拓に成功したと言われています。

三つ目にある企業データや経済データの作成と公開は、投資家の判断力を高めたという意味でとくに重要だと思います。それまでの証券業界の営業のやり方は、投資の専門家が素人に何を買うべきかを教えるという色彩の強いものでした。そのためもあって、秘密主義が強く、それぞれの証券会社の持つ情報は限られた顧客にのみ提供されていました。

メリルはそのような商慣行を一新し、公表データに基づく投資を顧客に推奨し、大口・小口の顧客を差別せず、取引のアドバイスを提供しました。同時に、サラリー制の導入により営業担当者の活動目標が取引量の拡大から、顧客の資産形成に転換しました。こうしたことを通じて、新しい顧客の開発に成功し、顧客の判断力の向上に貢献しました。

◆我が国に求められる株式市場の高質化

我が国にも株式市場は存在します。同時に、技術開発も盛んに行われ、たくさんの特許が生み出されています。しかし、技術開発を株式市場につなぐ、ベンチャー市場が発展しません。それはなぜなのでしょうか。

ニーズがシーズを引き出すという見方に立つと、まず、株式市場から考えてみる必要があるでしょう。消費者のニーズに最も近いところにあるのが株式市場だからです。

我が国の株式市場は、情報開示制度が不備で、普通の人には理解しにくく、近づきがたいものになっています。普通の人が参加しやすい市場ができなければ、ニーズからシーズを引き出すことは困難です。

情報開示制度を充実することが必要なことは、最近、京都大学の小松原崇史准教授と私が行っている研究でも示されています。我が国では、一般の人々が株式市場の透明性に不信感を持ち、市場参加の妨げになっているというのが私たちの結果です。株式市場の透明性が高いというのは、企業の財務情報の開示が進み、内部情報取引のような違法行為が少ないということです。

小松原准教授と私の共同研究に基づく試算では、日本では、市場の透明度に関する人々のイメージを少しでも改善できれば、控えめに見積もっても、数兆円という投資拡大効果を持つという結果が出ています。これは、所得や富など、投資に影響する要素がまったく変化しないという想定のもとで求めた試算です。もし、投資拡大による所得拡大効果や投資家の投資能力の向上などを考慮すれば、市場のイメージを高めるだけで、莫大な経済効果を生むだろうと考えられるわけです。

3　エビデンス・ベース社会の必要性

それぞれの人が、数量的データに基づいて、誰にでも数量的根拠を理解してもらえるような意思決定を行う社会のことを、私はエビデンス・ベース社会と呼んでいます。そういう社会を作り、人々の思考や意思決定のあり方を数量的なエビデンス・ベースに転換していく。そのために必要となる数量的データをたくさん蓄積し、広く一般の利用に供していく。それこそが質の高い株式市場やベンチャー市場を作り、社会全体にニーズからシーズへという視点を植えつけ、科学技術を豊かさにつなげていく道だと思います。

これは、大変な遠回りに見えるかもしれません。しかし、それが迂回原理です。一九世紀の経済学者ヴィルヘルム・ロッシャーは、魚とりの例を使って、迂回原理の重要性を強調しました。魚をとろうと思ったら、直接、海に飛び込むのは、長い目で見ると、効率的ではありません。釣竿と針と糸を作って釣ったほうが良いでしょうし、網を作ってすくえばもっと良さそうです。さらに、船を作って沖合に出れば、もっとたくさんとれるはずです。そのように迂回して目的に取り組めば、より効率的に目的を達成できます。

ロッシャーの魚とりの話は現代に生きる私たちにもたくさんのことを教えてくれます。なかでも重要なのは、目的とはまったく関係ないように見える手段を選ぶ必要があるということです。

原始の時代を想像してください。自分の村では船も見たことのない人が、遠くの村へ行って、船で沖合に乗り出し、海で魚をとる新しい方法を学んだとします。自分の村に帰り、村人たちにナタを持ってこさせて、山に行き、木を切り始めさせようとしたら、みんな、どうするでしょうか。海の魚と山の木にどんな関係があるのかと思い、誰も従わないはずです。山の木を切って、船を作って、海に乗り出せば、たくさん魚がとれて、暮らしが楽になると説明しても、なかなか納得してもらえないでしょう。

ニーズ・シーズとデータの関係もよく似ています。ニーズからシーズをつなぐ社会システムと高精度な社会科学データは一見すると何の関係もないように見えます。しかし、高度なデータ構築と公開こそ、エビデンス・ベース社会を作り、科学技術を豊かさにつなぐ道だと私は考えます。

◆エビデンス・ベース・メディスン――数量的根拠に基づく医療

皆さんは、エビデンス・ベース・メディスンという言葉をご存知でしょうか。英語表記の頭文字をとって、EBM（Evidence Based Medicine）とも言われます。日本語に直訳すると、根拠立脚型医療ということになります。医師が個人の経験や勘にばかり頼ったり、権威者の主張を鵜呑みにしたりするのではなく、科学的な理論と実際の臨床結果に基づく客観的なデータを参照して、治療方法を決定しようという医療です。

EBMは一九九〇年ごろからアメリカで提唱され始めたもので、今日では広く先進国の医療現場で定着しています。この考え方が生まれた背景にはいくつかの要因があります。言うまでもなく、まずは、より確率の高い方法で患者を救いたいという医療従事者の方々の願いや熱意があったでしょう。一方、医療事故が起こったり望ましい治療結果が得られなかったりした場合に、病院が患者から訴えられるような事件が増え、医療機関側でも治療の適切さ・正当性を客観的に説明する必要が強まったという要因もあるでしょう。また、情報技術の発達などにより臨床結果がデータとして蓄積され、その統計情報を活用しやすくなったという側面も重要です。

近年ではさらに、患者やその家族の心理的ケアや「知る権利」などに配慮し、医師による治療内容の説明や患者・家族の同意・納得を重視する「インフォームド・コンセント（informed consent)」についても認識が高まってきましたが、その実践もＥＢＭが前提にあって初めて可能となるものと言えます。

◆エビデンス・ベース・ポリシー

ＥＢＭという言葉に対応して、ＥＢＰ（Evidence Based Policy）という言葉も最近よく使われるようになっています。数量的な根拠に基づいた政策という意味です。

エビデンス・ベース・ポリシーは、一九九七年から二〇〇七年まで、イギリスの首相を務めたトニー・ブレアによって推進されました。「存在する問題を直視し、将来を見越し、短期的な圧力ではなく根拠に基づき、症状ではなく根源的な原因に対処する政策」のこととされます。そういう政策を推進するためには、高質なデータ、データの解析能力、さらには政治の支持が不可欠だというのがエビデンス・ベース・ポリシーの考え方です。

日本の現状を見ると、エビデンス・ベース・ポリシーへの試みはまだ緒についたばかりです。経済統計制度の整備・体系化も十分ではありませんし、政策担当者の間でも「数量的根拠に立脚した政策立案」について必ずしも合意できているとは言えません。さらに、実際に情報を用いて議論し、意思決定する政治家が意識と行動を変えなければなりません。

そのためには、何よりも有権者がエビデンス・ベース・ポリシーを強く要求し、政治家の言動を注視していなければなりません。つまり、民主主義の成熟も重要なインフラなのです。

これはとても難しいことですし、時間もかかります。しかし、今後ますます必要になることも間違いありません。政府は、自らがいかなる根拠に基づき、どのような政策を行ったか、その成果は何か、どこが間違っていたか、といったことを国民に説得力のある説明をしなければなりません。私たち研究者も、政策担当者はじめ多様な立場・利害関係にある人々と共通の基盤に立ち、国民に開かれた場で、客観性を持つ数量的根拠に基づく議論をすることが必要です。

さらに、グローバル化が進み国際的な相互依存関係が深まるほど、国内のみならず諸外国に対しても、政策の妥当性を説明する必要が高まるでしょう。つまり、国際舞台で日本を代表して政策論争できる人材を育てなければならないということです。高度な専門知識に裏打ちされた政策企画力と分析スキルを身につけ、さらに交渉・説得能力に長けた人材が求められるのです。

次の第6話と第7話では、こういう視点から、欧米でのエビデンス・ベース・ポリシーをＩＭＦとＯＥＣＤで活躍される上田淳二先生、八代尚光先生にお話しいただきます（お二人は、最近、私の所属する京都大学経済研究所で博士号を取られた気鋭の経済学者です）。さらに、第8話では経済学者の立場から日本の科学技術振興に携わる黒田昌裕先生に我が国の取り組みをお話しいただきます。

第6話

財政の政策科学
――IMFの視点

上田淳二
（国際通貨基金（IMF）財政局審議役）

私は二〇一三年七月からワシントンＤＣにあるＩＭＦ（International Monetary Fund：国際通貨基金）の財政局（Fiscal Affairs Department）という部署で働いています。この第6話では、まずＩＭＦの歴史と活動の概要、とくにＩＭＦのサーベイランス（調査・監視）機能について紹介した後、ＩＭＦのサーベイから見た日本の財政状況を確認し、最後に財政再建に向けた望ましい税制について一緒に考えたいと思います。

そして、これらを通して、「エビデンス・ベース・ポリシー」、すなわち、理論と実証に基づく政策形成のあり方について、ＩＭＦの姿勢や考え方をお話ししたいと考えています。ちなみに、エビデンス・ベース・ポリシーの対極にあるのは、根拠のない「経験と勘に頼った政策」だったり、「聞こえのよい、その場では受け入れやすい」政策だと思います。だとすれば、ここで私がする「根拠に基づく」話は、ひょっとすると皆さんにとって都合の悪い、あまり聞きたくない話（！）かもしれませんので、あらかじめご了承ください。また、意見として申し上げる内容は、ＩＭＦの理事会や組織としての見解ではなく、私の個人的な意見であることをあらかじめお断りさせていただきます。

1　ＩＭＦとは

◆ＩＭＦの誕生と戦争

ＩＭＦ発足のきっかけとなる専門家共同声明が出されたのは、第二次世界大戦が終局を迎えつつあった一九四四年四月、ちょうど七〇年前のことです。この声明は、先進国間の経済対立が一因となって世界大戦が勃発したことを反省し、もう二度と同じ過ちを繰り返さないために国際的な通貨金融機関を設立しようと呼びかけたものでした。

そして、その年の七月にアメリカのニューハンプシャー州はブレトン・ウッズという土地で連合国の通貨金融会議が開かれ、国際通貨基金および国際復興開発銀行の設立に関する協定（通称、ブレトン・ウッズ協定）が調印されます（批准は一九四五年一二月二七日）。こうして生まれたのがＩＭＦと世界銀行で、ＩＭＦには二〇一四年三月時点で一八八カ国が加盟しています。

もしかすると、今日の日本人にとって、経済対立と戦争との関係は、いまひとつ実感が湧かないことかもしれません。しかし、たとえば現在、ウクライナ情勢が重大な国際関心事となっていますが、これも突き詰めて言えば、債務の不履行、つまり借金問題が大きな要因の一つになっています。ウクライナは深刻な財政赤字・外貨不足に陥っており、ロシアやヨーロッパ各国に対して巨額の負債を抱えています。ロシアやヨーロッパ各国にとっては、貸したお金を確実に返してもらわなければなりません。

かつては、国が外国から資本を導入して一時的に返せなくなったとき、それを何らかの方法で用立てて返す仕組みがなかったため、武力で解決しようという事態を招いてしまいました。こうした事態を回避するために、国際収支上のトラブルに対し秩序立てて処理できる仕組みを作ろうというのが、ＩＭＦの根底にある考え方です。

◆ＩＭＦの役割

ＩＭＦの仕事を大きく分けると、為替の安定・融資・サーベイランスの三つが挙げられます。おそらく、皆さんがＩＭＦの名を耳にするのは、「クライシス・レゾリューション」、つまり経済危機が生じた国にＩＭＦが乗り込んでいって、それを解決するためのプログラムを提示するときだと思います。ウクライナで行われていることも、まさに危機を解決するためのプログラムづくりです。

具体的には、ある加盟国が外貨不足で借金を返せなくなったとき、ＩＭＦが債権国と話し合って債務の一部免除を取り付け、債務国には新たな返済計画を立ててもらい、当面必要となる資金をＩＭＦが貸し付けます。返済能力の乏しい国は金融市場からお金を借りることが難しいため、ＩＭＦが加盟国からの出資金などを財源として融資を行うわけです。あわせて、経済再建に向けたプログラムを提示しますので、やがて経済が復興すれば返済資金も生まれると期待されます。

これがＩＭＦの最も大きな仕事ですが、しかし、できることなら危機の発生自体を避けたいものです。そこで大切なのが、「クライシス・プリベンション（危機の予防）」と「テクニカル・アシスタンス（技術支援）」です。

まず、経済危機を予防するには、各国の経済状況を平素から調査・観察し、その持続可能性を評価していなければなりません。これが、先ほどのサーベイランスです。そして、問題があると判断したときには警鐘を鳴らし、改善を促すのです。

このとき、相手が先進国であれば、政府自身の政策立案・実行能力に期待してもよいでしょうが、発展途上国では必ずしも十分な能力を備えているとはかぎりません。その場合は、ＩＭＦが政策立案や人材育成を支援します。これが技術支援です。

なお、ＩＭＦはあくまで一時的な債務危機に対して資金を貸し付ける機関ですが、発展途上国では、もともと基礎的な産業基盤が不足しているために経済を成長させられないことがあります。そこで、産業インフラを整備するために、長期で資金を貸し付けるのが世界銀行です。日本もかつて東海道新幹線を作るときに、世界銀行から融資を受けました。

これら二つの組織が支援することで、世界全体を平和的に発展させていこうと考えたのです。

2　ＩＭＦのサーベイランス活動

◆対外収支

次に、私の所属する財政局が携わっているサーベイランス活動について、詳しくお話しします。

先ほど述べたように、戦争を回避し、平和で安定的な世界を維持するには、各国が外国から借りたお金をきちんと返せるような状態であることが大切です。つまり、各国の対外収支（外国との資金貸借の増減。ほぼ経常収支と同じ）が安定的で、持続可能な状態なら望ましいのですが、赤字が続いていると、借りたお金を返すためにまた借り増しする、という具合に借金が膨らみ、やがてはデフォルト（債務不履行）になりかねません。そこでＩＭＦは、各国の経常収支が持続可能かどうかに着目します。以下、少々専門的になりますが、しばしお付き合いください。

この経常収支は、基本的に国内の「貯蓄」と国内の「投資」の差額です。まず、国内の貯蓄は国内の所得から消費を差し引いたもの、つまり私たちが働いて得た所得のうち、消費しなかった分が貯蓄です（図表6–1上段）。次に、国内の投資は、国内貯蓄のなかから投資に回されたものと、それでは賄えずに外国から借り入れて国内で投資されたものがあります。そして、両者の差額が、国内の貯蓄・投資差額となります。

ただし、実際の金額を集計する際には、具体的な経済主体に分けて考えなければなりません。経済学では、国内で貯蓄や投資といった経済活動を行う主体を、政府、家計、企業の三つに分類します。そこで、国内全体の貯蓄・投資は、それぞれ政府、家計、企業が行った貯蓄と投資を差し引きして、どちらがどれだけ大きいかと、分けて考えます（図表6–1中段）。

以上から、貯蓄・投資と対外収支の関係を表したものが図表6–1下段の式になります。右端のＣＡＢが国全体での貯蓄・投資差額であり、これがプラスになれば経常収支は黒字、マイナスならば赤字という意味です。

図表 6-1　貯蓄・投資と対外収支の関係

- 貯蓄(S) ＝ 所得(Y)－消費(C)
- 貯蓄・投資差額(SI) ＝ 貯蓄(S)－投資(I)
- 対外収支(経常収支:CAB) ＝ 外国との資金貸借の増減
  (＝ 貿易収支＋所得収支＋移転収支)

- 基本となる恒等式
  - ・国内の貯蓄・投資差額(SI) ＝ 対外収支(CAB)
  - ・貯蓄・投資差額(SI) ＝ 政府の貯蓄・投資差額(SI_g)
    ＋家計の貯蓄・投資差額(SI_h)
    ＋企業の貯蓄・投資差額(SI_c)

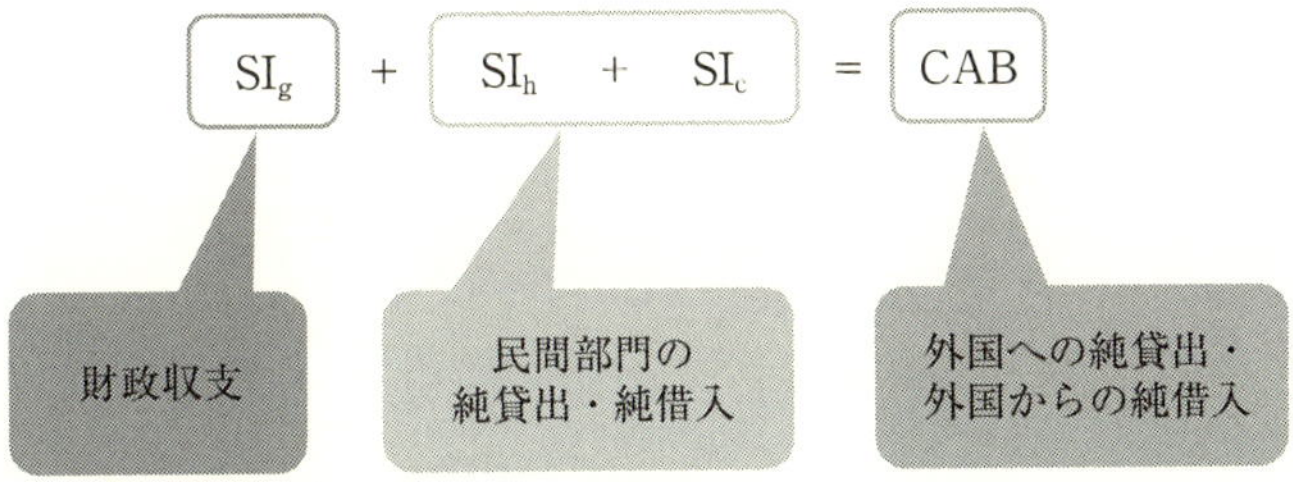

It's Mostly Fiscal

CABは、国によってプラスになったりマイナスになったり、大きかったり小さかったりします。ただし、一方に借り越している人（国）がいれば、他方に貸し越している人（国）がいるわけですから、世界全体で足し合わせるとCABは必ずゼロになります。

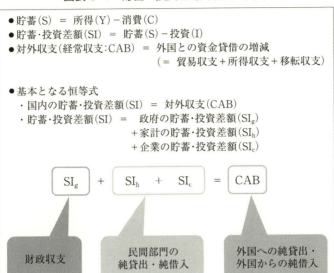

◆財政収支

このように、私たちは経済主体を政府と二つの民間主体に分けて観察しているのですが、とくに注目しているのは、民間部門における金融機関の貸付行動と、政府の財政政策です。

前者は、ある国の金融機関がどれだけ積極的に海外へ融資を行っているかに着目するものです。たとえば、アメリカ、日本、イギリスの金融機関は積極的に海外への投融資を行っているのですが、それがＣＡＢの動向そのものに影響を与えます。

一方、とくに発展途上国では、民間企業が単独で外国から融資を受けることは非常に難しいので、多くの場合は政府が主体になります。したがって、政府の財政収支がＣＡＢに大きな影響を与えることになります。この各国の財政収支を分析した報告書が、私が所属する財政局によるＩＭＦの『フィスカル・モニター』（写真）であり、春秋の年二回発行されています。

『フィスカル・モニター』

3　ＩＭＦが見た日本の財政状況

◆政府の債務残高

それでは、『フィスカル・モニター』を引用しながら、日本の財政収支を見ていきましょう。サーベイランスで必ず調査しているのが、各国政府の債務（借金）残高の推移です。これは、主に三つの要素で説明できます（図表6-2）。

一つは、政府の毎年の収入と支出の差、いわゆる「プライマリー収支」です。次に、「政府債

図表 6-2　財政収支と政府債務の関係

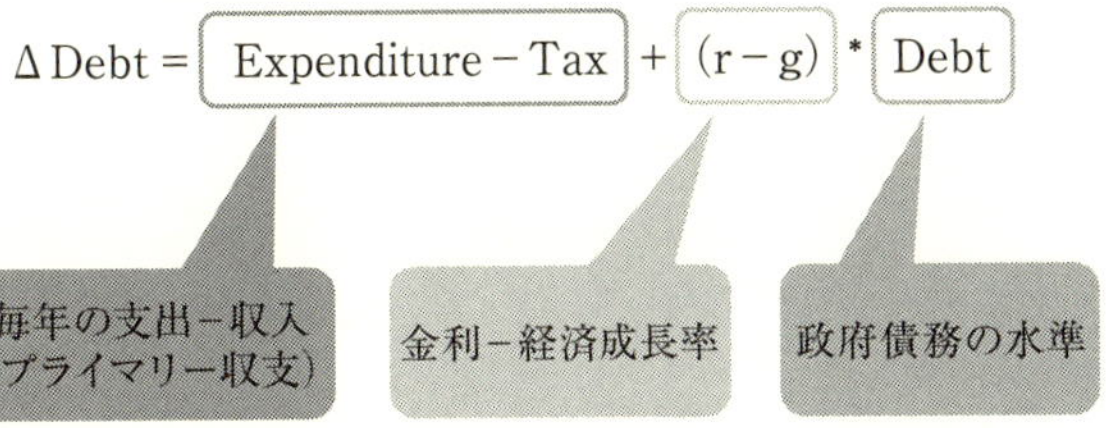

務の水準」とは、政府がすでに抱えている借金を表します。借金を抱えている水準が高ければ高いほど、それに対する利子の支払いが増えることになりますので、政府債務の水準そのものの高さが問題になります。そして最後に、その政府債務に対して、どれだけの「金利」が要求されるか、その三つの要素によって政府の債務残高がどのように変化していくかが決まります。

◆脆弱な日本の財政

この式をもとに財政の脆弱性を評価したのが、図表6-3です。グレーの濃度が濃いほど脆弱であるという意味になります。

日本は、脆弱性が高いと言わざるをえません。内容を見ると、プライマリー収支と財政赤字が非常に大きいうえに、政府債務の残高がGDP比二〇〇%と、世界で最も大きくなっています。ただし、金利は非常に低い。つまり、資金を運用する投資家が日本円で日本国債を用いて運用することに対し、まだ不安を持っていないということです。したがって日本は、財政状況は非常に悪いけれども、市場からの信頼によって持ちこたえていると言えます。

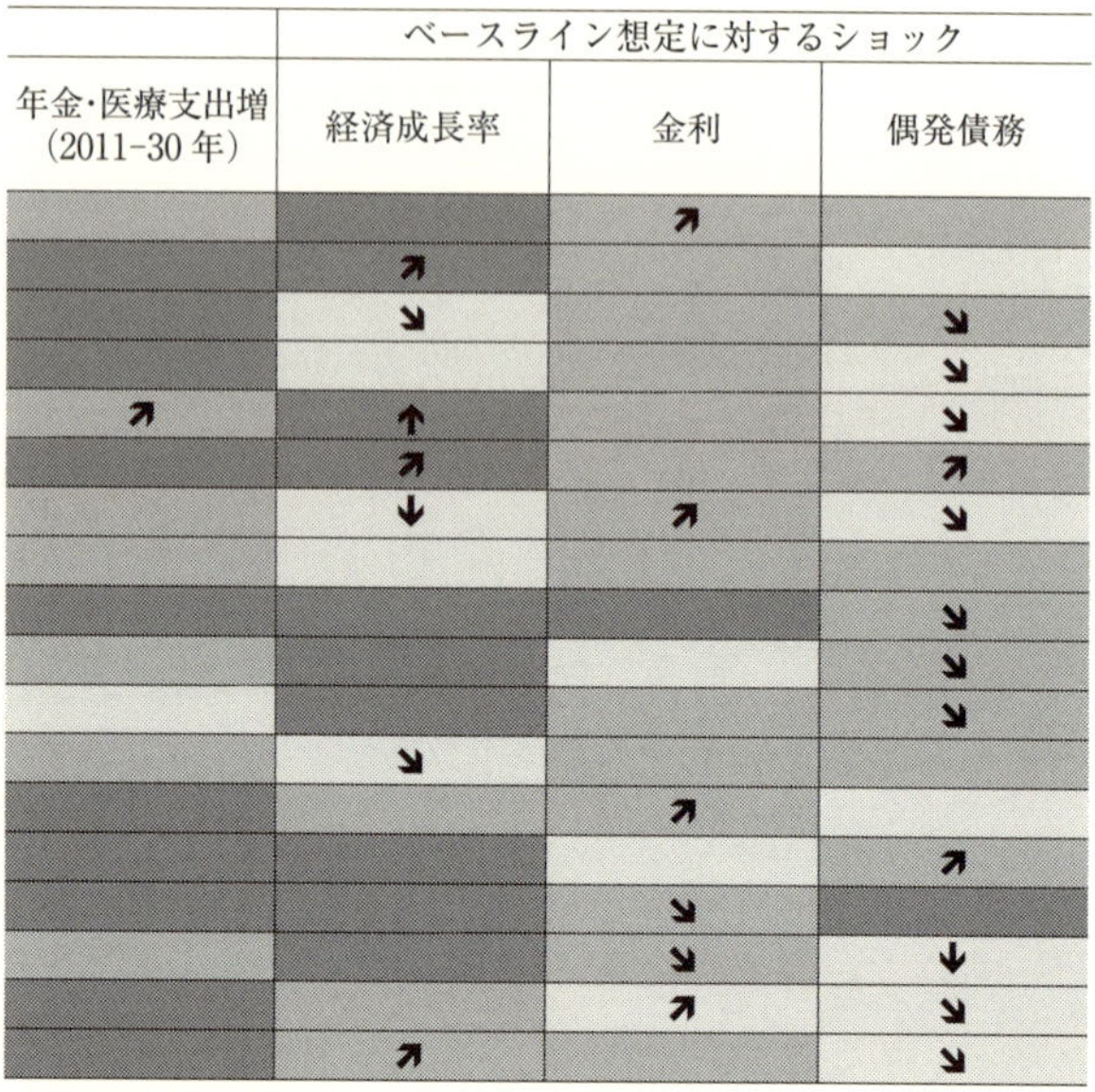

◇どれだけ改善すればよいのか

とは言え、政府債務は無限に増やせるわけではありません。まずは債務の膨張を止める必要があります。そのために、収支の改善がどれだけ必要かを計算した結果が図表6-4です。下図の左半分を拡大したものが上図です。そして、日本は下図の右側に位置します。日本が主要先進国のなかで特殊な状況にあることは、一目瞭然です。

図の横軸は、二〇一三年から二〇三〇年までの約二〇年間に、どれだけ財政収支を改善する必要があるかを示しています。そして縦軸は、そのためにどれだけの財政黒字を出さなければいけないかを表しています。つまり、日本は

図表 6-3　財政の脆弱性評価

	財政に関するベースライン想定			
	資金調達ニーズ	金利と成長率の差	循環要因調整後プライマリー収支	粗債務
オーストラリア				
オーストリア				
ベルギー				
カナダ		↗	↘	
デンマーク		↗		
フィンランド				↗
フランス	↘			
ドイツ				
ギリシャ				
アイルランド	↘			
イタリア				
日本		↘		
韓国				
オランダ	↘			↗
ポルトガル				
スペイン				
イギリス	↘	↗	↗	
アメリカ				

出所：IMF, *Fiscal Monitor*, October 2013.

二〇三〇年ごろまでにＧＤＰ比で一五%から二〇%の収支改善が必要で、さもなければ債務残高が増え続けてしまうということです。

　そんなことを言われても、なかなかイメージしにくいと思います。そこで、たとえば消費税率が五%から八%に三ポイント上がると、財政収支は最大で一・五%だけ改善されるという機械的な計算を援用します。もちろん、現実には消費税率の引き上げのみで収支を改善すべきというわけではありませんし、前提条件の置き方しだいで推計値も変わります。しかし、他国と条件をそろえて機械的に推計すると、消費税率三〇%分に相当する収支改善が必要であるという

図表 6-4　必要な収支調整幅

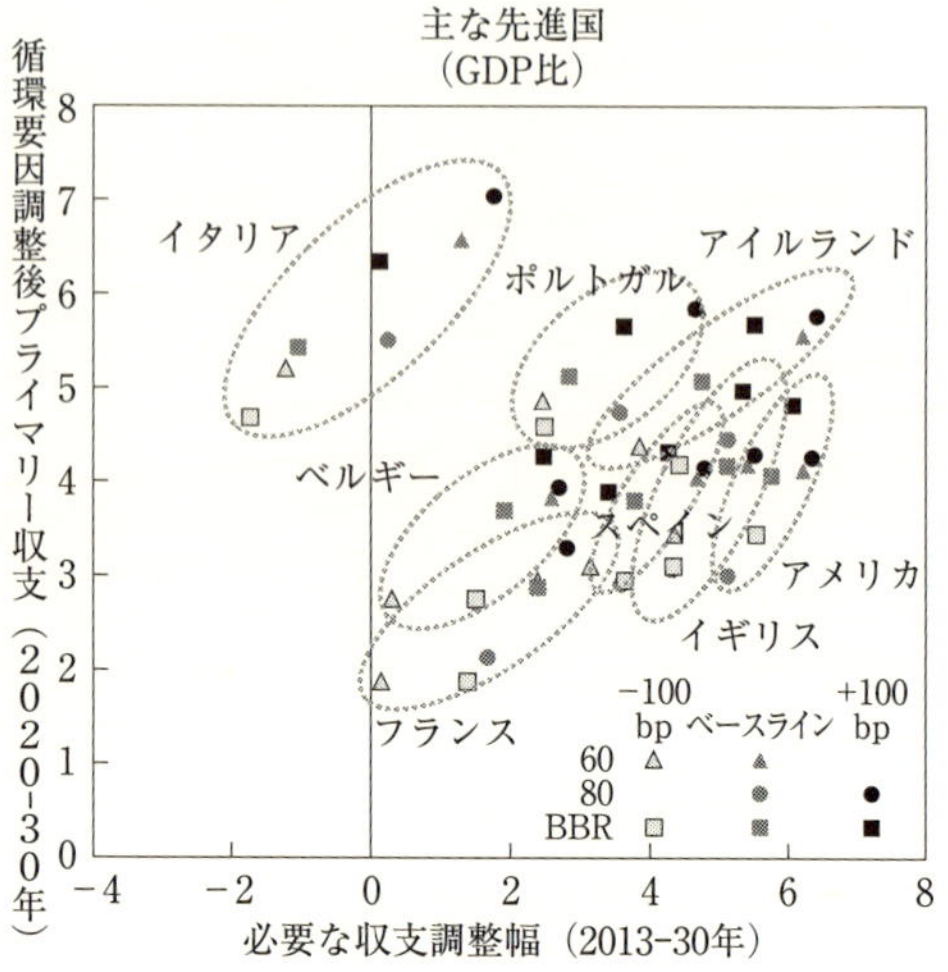

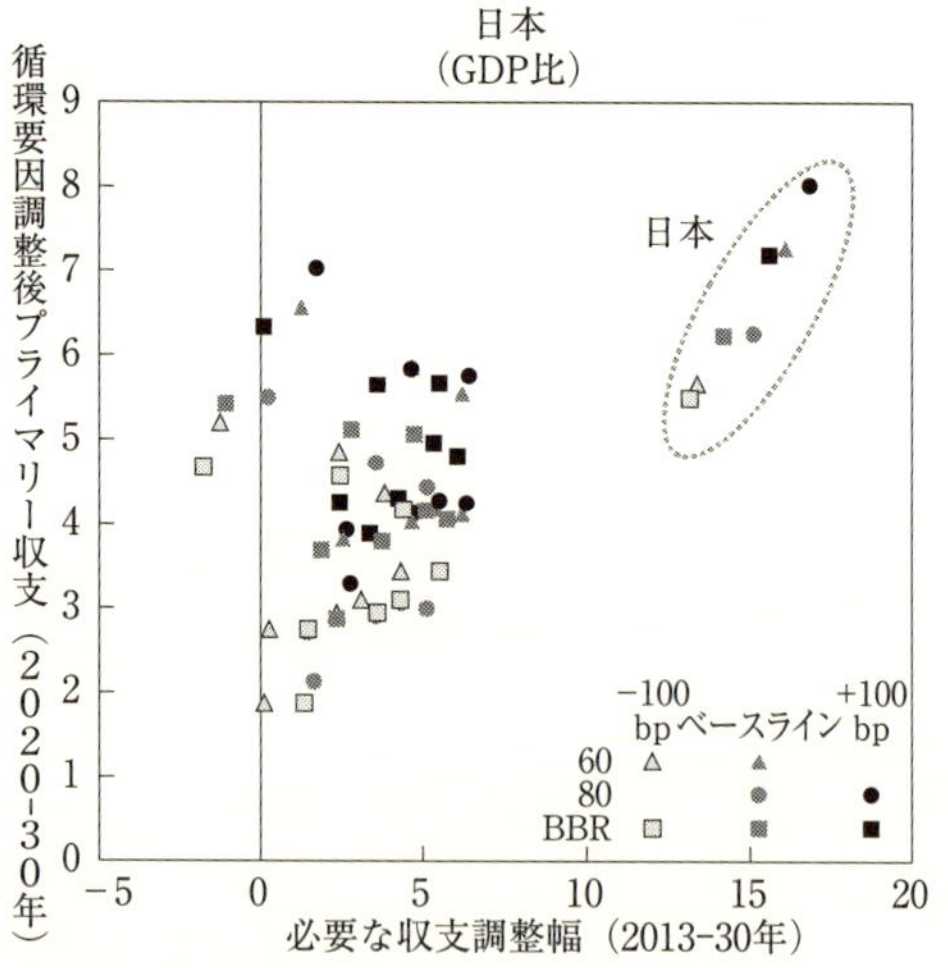

出所：IMF, *Fiscal Monitor*, October 2013.

図表 6-5　日本の収支改善達成度

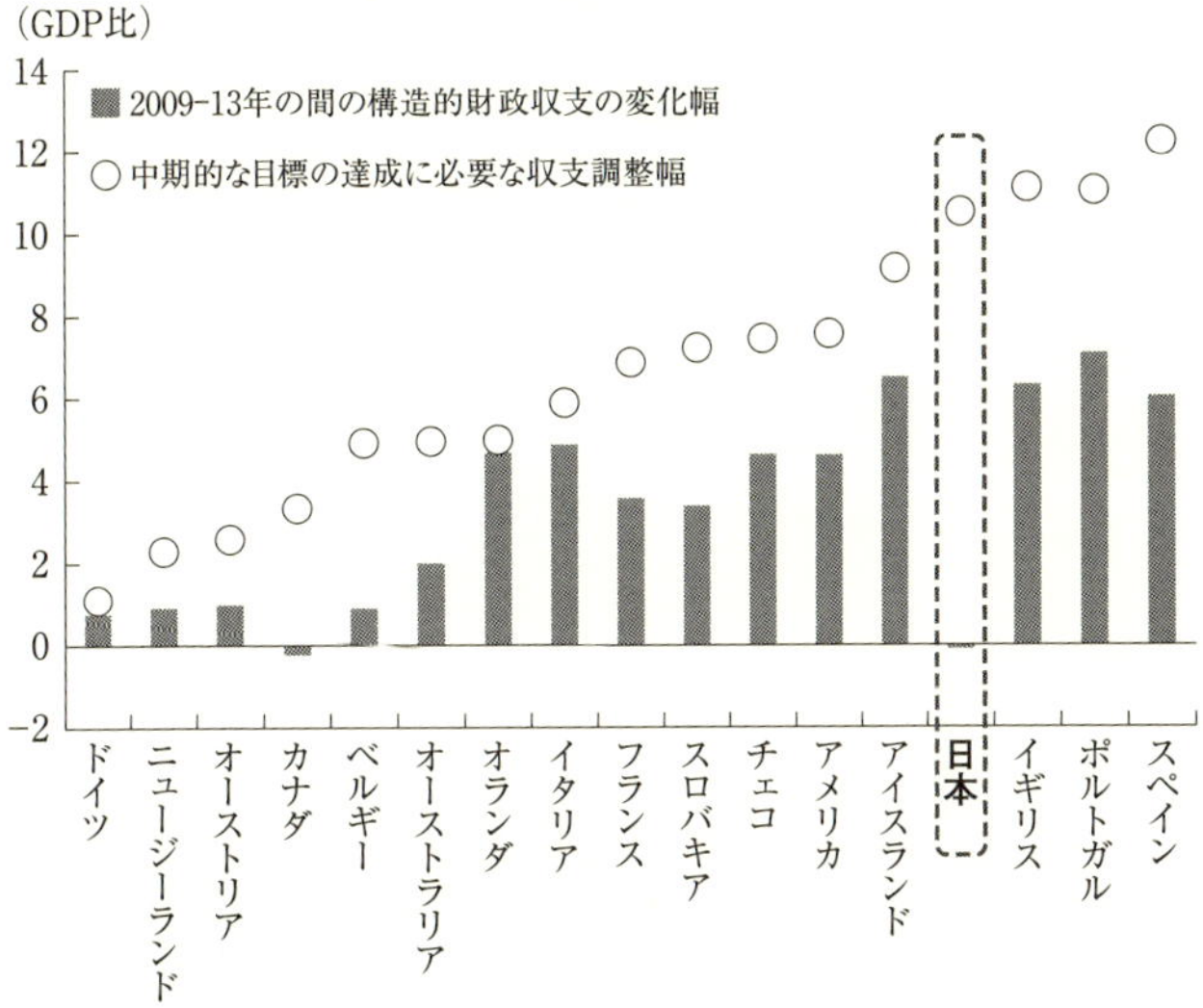

出所：IMF, *Fiscal Monitor*, October 2013.

ことは覚えておくべきでしょう。

『フィスカル・モニター』では、①財政収支の調整を、信頼性の高い、具体的な中期計画に基づいて進めること、②段階的に、しかし安定したペースで、財政収支の調整を進めること、③財政政策以外のマクロ経済政策が、財政に関する戦略を支えること、という三項目を勧告しています。どれも、当たり前のことばかりのように見えますが、悪化した財政のもとでこれらをバランスよく実現していくことは、実際には大変なことです。

◆日本の収支改善達成度

次に、実際の日本の財政政策の動きを見てみましょう。『フィスカル・モニター』では、国ごとに中期的な財政収支目標を設定し、二〇一三年までの達成度を分析しています（図表6-5）。〇印が中期目標、棒グラフが達成度を表しています。

この数年、諸外国はかなりの改善努力を進めてきましたが、日本の財政収支は改善してきませんでした。もちろん、震災もあり、アベノミクスのもとで、まずは機動的な財政支出政策を打ち出してきたところです。しかし、達成度という観点から見ると、現在の行動と中期的に必要な行動とが、逆方向を向いているように見えてしまいます。日本を外からの目で見るとそのように映るということを、認識しておかなければなりません。

さらに、その十数％の収支改善を一〇年間で達成した国は過去にありません。つまり、日本は歴史的に誰も達成したことのない規模・速度の財政調整に挑戦しなければならないのです。

4　消費税の政策科学

では、どのようにして財政を立て直せばよいのか。収入の面からの対応を考える観点から、最後に、増税の問題をエビデンス・ベースで考えると何が言えるか、というお話をしたいと思います。

◆増税の国際潮流

二〇〇八年のリーマンショック以降、多くの国が経済成長率の低下と財政収支の悪化を経験し

図表6-6　税制の変更　対GDP比

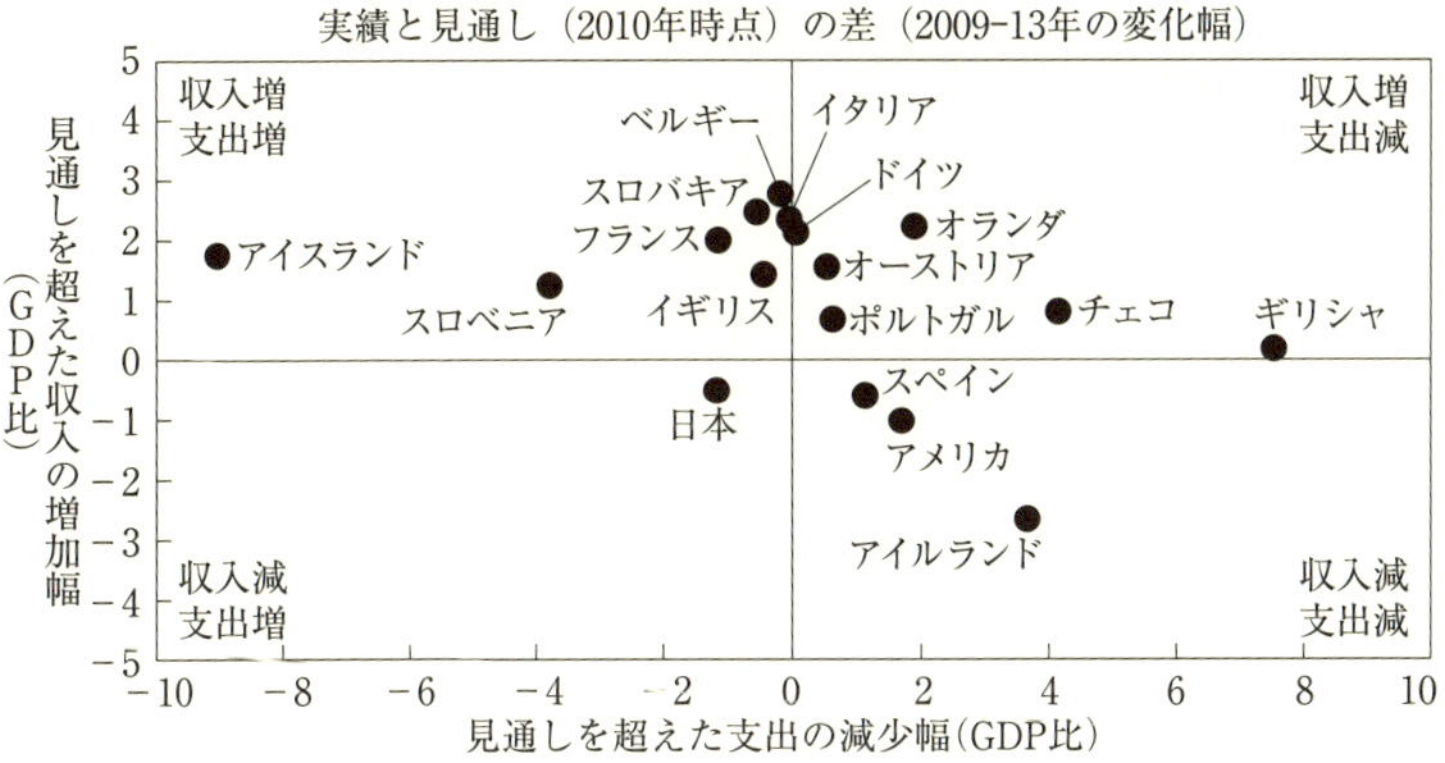

出所：IMF, *Fiscal Monitor*, October 2013.

ました。資産価格が下落するなかで、経済活動の規模も縮小し、税収も減少、財政収支は悪化します。信認が低い国では金利が上がり、ギリシャやアイルランド、ポルトガルでは国債を発行できない（つまり、お金を借りられない）事態になりました。このような状態から脱出するには、短期的には政府の支出を切り詰めるか、歳入を増やすしかありません。しかし、政府支出を減らそうにも、社会保障や教育のための支出は簡単に削れませんし、インフラ整備も最低限は必要です。そのため、多くの国が増税という選択を迫られてきたのです。

半面、日本は二〇〇九年から二〇一三年までの間、結果的に、収入減・支出増という選択を行ってきたことになります（図表6-6）。二〇一四年の消費税増税によって、少し方向が転換しています。

◆経済成長に優しい税、厳しい税

では、増税を選択した国々は、具体的にどのよう

図表 6-7　経済成長と税との関係と各国の選択

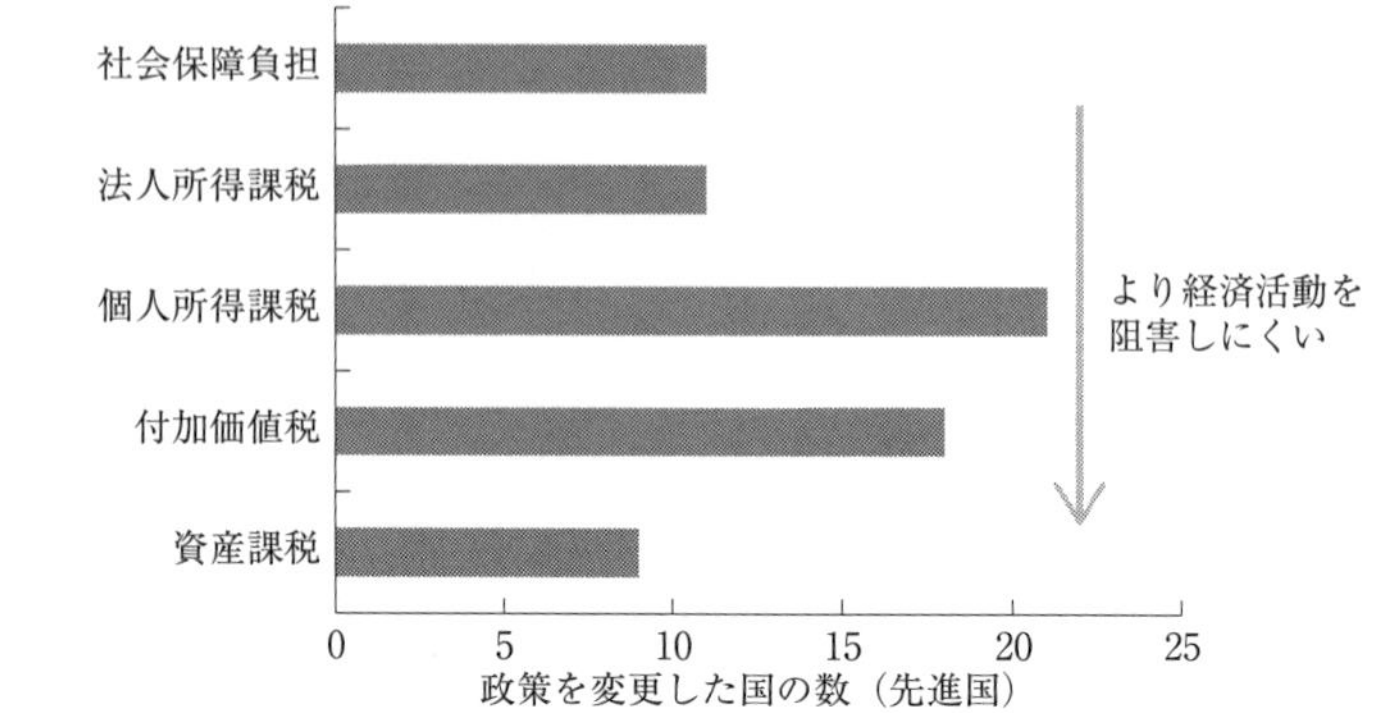

出所：IMF, *Fiscal Monitor*, October 2013.

な税制を変更したのでしょうか（図表6-7）。『フィスカル・モニター』のサーベイによれば、最も多いのが個人所得税の増税、続いて付加価値税（日本の消費税に相当）、それから社会保険料、法人税、比較的少ないのが固定資産税や相続税など資産課税です。

実は、これまでの研究により、資産課税や付加価値税のほうが経済活動を阻害しにくく、社会保険料の値上げや法人税の増税は経済に負の影響を与えやすいことが明らかになっています。つまり、エビデンス・ベースで考えるなら、まず資産課税、次に消費税を上げるのが望ましく、そうした事実は政策担当者の間で一種の常識として受け入れられています。しかし、現実の選択は必ずしもそのとおりにはなっていないのです。

◆軽減税率をめぐる国際常識

ここで、日本でも話題になっている軽減税率について一言述べたいと思います。

税収を増やす方法には、税率を引き上げる方法と、課税対象を広げる方法があります。軽減税率とは、特定の品目に対し例外的に低い税率を設定するもので、しばしば低所得層の負担を軽減するべきという主張から、食料品など生活必需品に設けられているものです。

しかし、これもエビデンス・ベースで言うならば、できるだけ幅広い商品・サービスに例外なく課税し、その分だけ全体の税率を低く抑えたほうが、経済活動に負の影響を与えにくいことが知られています。

単純に考えても、低所得層より高所得層のほうが多くの商品・サービスを購入しますから、食料品など生活必需品においても、高所得層のほうが多額の消費税を負担することになります。逆に言えば、軽減税率を設けた場合、絶対額で見て、より多額の恩恵を受けるのは高所得層なのです。これに対して、絶対額ではなく所得に占める生活必需品の支出割合を問題とする向きもありますが、その場合も消費税だけをとらえて特定品目の税率を下げるより、別途に控除・給付措置を組み合わせたほうが効果的であるというのが、国際的な研究からの知見です。

近年の日本では、ヨーロッパの多くの国々で軽減税率が採用されているということが紹介されていますが、実はそうした国々での経験が蓄積された結果、むしろ日本のように例外規定のない付加価値税のほうが理に適っているという結論に達したのです。

◆日本には増税余地がある

図表6-8は、先進各国の税率を相対的に見て、税種別にどれだけ増税の余地があるかを比較

図表 6-8　税収増加余地の国際比較

経済・社会的要因調整後の税収ベンチマーク値と実際の税収の差（GDP比）

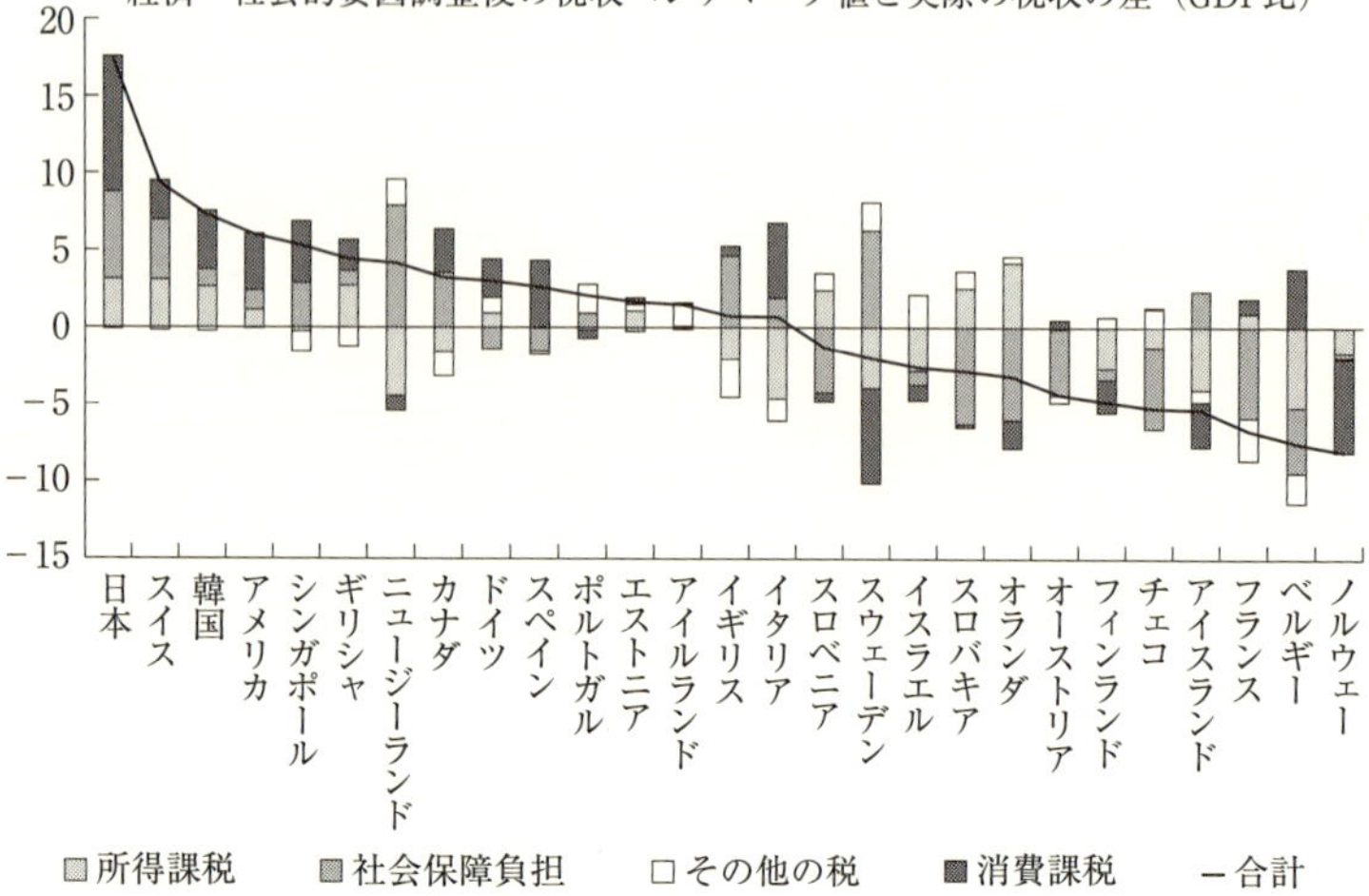

出所：IMF, *Fiscal Monitor*, October 2013.

したものです。増税余地などと言うと、「これ以上の増税なんて耐えられない」とお叱りを受けそうです。しかし、グラフから分かるように、諸外国と比較したとき、まだ国民の税負担能力に余裕があるということが、財政再建に実現可能性を残し、日本国債の価値（国際的信用）を支える一因となっています。

考えてみると、日本は財政赤字が非常に大きく、債務残高も世界一位、そのうえ積極的な財政支出を続けてきました。持続可能性の観点からは、世界で最も悪い状況にあると言っても過言ではありません。それにもかかわらず国債の金利が低いのは、まだ将来的に財政収支を調整する能力があると、市場から評価されているおかげでもあるのです。

反対に、グラフの右側の国々では国民の

税負担能力が限界に近いことを意味しています。この状況で政府の財政を健全化するには、国民生活に苦痛を強いるほどの歳出削減が必要になります。

◆日本の所得税率は下げすぎ?

個人所得税の最高税率は、一九八〇年に比べて国際的にも引き下げられる傾向にあり、かつて七〇%から八〇%だったのが、現在では最高でも六〇%くらいです。日本でも一九八〇年代末から九〇年代にかけて大きく引き下げられました。当然、それだけ累進性も緩和されています。

これに対し、下げすぎではないかという議論も生まれてきます。もちろん、所得税率を引き上げすぎると人々の労働意欲を損ないかねませんので、税率を単純に引き上げることには慎重であるべきでしょう。

ただし、高所得層の所得には一時的に得られたものも多く含まれますので、そのような場合でも高い税率が労働意欲を妨げるという主張は、実態に合わないと考えられています。

したがって、個人所得税率を平均的に引き上げることは慎重に、しかし高所得層からより多くの税を徴収することは考えられるのではないかという議論があります。さらに、資産課税は多くの国であまり活用されていないので、まだ活用の余地があるという議論も出てきています。

◆タックス・ギャップ

最後に、私が今携わっている仕事を紹介させてください。経済活動の規模から見て潜在的に得ることが期待される税の額と、実際の徴収額との差を「タックス・ギャップ」と呼び、この差を縮めることも税収を上げるために必要な施策だと認識されています。

たとえば徴税部局の職員がきちんと検査をしないため、税を払うだけ損だと思われているような国では、納税のモラルが低くなり、タックス・ギャップが大きくなります。このようなコンプライアンス上の問題で税収が上がらないケースを「コンプライアンス・ギャップ」と呼んでいます。一方、政策上の要因から税収が下がっているケースを「ポリシー・ギャップ」と呼びます。たとえば、特定の品目に軽減税率を設けるような場合です。

私たちは、各国で税収を高めようとする際に、ポリシーを変えるべきなのか、コンプライアンスのレベルを上げるべきなのかということを診断し、助言する仕事もしています。

このほか、グローバル企業による租税回避行動も大きな問題になっています。利益を移転することによって、法人税を回避するようなことが合法的に行われているのです。これは世界経済に悪影響を与える行為であり、その解決には国際的な取り組みが必要です。

◆望ましい税制に向けての対話と合意を

以上、どうしても必要な公共サービスの財源を賄うために、どのような税制が望ましいかと考えたとき、多くの国において現実の税制も、徴税の仕組みも、また国際課税の仕組みも、必ずしもすべて合理的とは言えない状態にあります。

その原因は多種多様ですが、より根本的な問題として、財政や税制の問題が有権者・納税者に正しく理解されにくいことが挙げられます。しかし、公共サービスも税負担も国民生活に直接にかかわることですので、国民の理解や納得がなければ、望ましい形にはなりません。

だからこそ、政府と国民との積極的なコミュニケーションが大切になります。国民に確かな根拠を示し、論理的に説明し、開かれた議論を行うことによって、合理性や公平性の保たれた、納得のいく制度を作ることができますし、国民の理解や協力も得やすくなります。つまり、エビデンス・ベースで議論する文化的基盤を培うことが、合理的な政策の立案だけでなく、その実施にも大きく役立つのです。

第7話

構造改革の政策科学
——OECD の方法

八代尚光
（経済協力開発機構（OECD）経済総局構造監査課エコノミスト）

◆OECDの仕事

私は経済協力開発機構（Organisation for Economic Co-operation and Development: OECD）の経済総局（Economics Department）という部署で働いています。

OECDには、ヨーロッパ、北米および中南米の国々に加えオーストラリア、ニュージーランド、そして日本と韓国を含む三六カ国が加盟しており、「持続的な経済成長と国民の生活水準の改善を目指して政策形成を支援すること」をミッションとし、一九六一年に発足しました。私たちのモットーは「better policies for better lives」、加盟国の皆さんの生活水準を改善できるような経済構造改革を提案することが使命です。

OECDと言うと、しばしば「先進国クラブ」という印象がありますが、近年ではポーランドやハンガリーといったヨーロッパの新興国や南米のメキシコやチリも加盟しているほか、トルコは最も古いメンバーの一つです。

さらに、加盟国ではないものの、ブラジル、ロシア、インド、中国、さらにインドネシア、南アフリカといったG20メンバーの国々とも緊密な協力関係を結んでおり、各種の政策勧告を行っています。

私が勤める経済総局は、OECDのなかでも最も古い部署の一つで、OECD加盟国などに対してマクロ経済政策と構造改革に関する詳細な政策勧告を行う「カントリー・サーベイ」を発表しています。また、私が所属する構造監査課では各国の構造改革の進捗状況を横断的に評価すると同時に、各国ごとにより優先度が高いと考えられる構造改革を勧告しており、これは毎年のG

20会合における政策議論を喚起するうえで重要な貢献をしています。

そこで、この第7話では、構造改革とは何か、それが生活水準を向上させるためになぜ大切なのか、国際的に何が議論されているのかといった点を紹介してから、OECDの政策勧告の手法を説明し、最後に日本が進める構造改革の課題と展望をお話ししたいと思います。

なお、ここでの議論はOECDの公式見解ではなく、私個人の見解としてご理解いただければ幸いです。

1　構造改革とは

◆成長戦略としての構造改革

まず、構造改革はどのような役割を持っているのでしょうか。従来、世界的な政策協調の場としては、アメリカや日本などG7諸国が中心となっていました。しかし、世界経済危機以降、これら先進国の経済が停滞するなかで新興国が世界経済を牽引するようになった結果、G7に代わってG20が国際協調の場として重要になってきました。このG20において、各国の首脳が合意している共通目標が、「力強く、持続可能で、バランスのとれた経済成長」です。

この政策目標に向けて三つの重要課題が設定されています。①経済危機によって落ち込んだ経済成長率を各国の潜在的水準まで回復させること、②危機の原因となった大きな経常収支の不均衡を是正すること、③中長期的に各国の潜在成長率を引き上げること、という三つです。これらの課題に対応する政策として、①と②については、金融・財政政策が主要な役割を担います。一方、③については構造改革が重要な役割を果たします。

さらに、世界的に金利水準が低下しているなかで、金融緩和の余地がだんだんと狭まる一方、各国とも大胆な財政支出をする余裕がなくなっています。こうしたなか、中長期的な成長力を引き上げるための構造改革が、短期的にも経済のパフォーマンスを上げるうえで重要な役割を担っているという見方がG20の場で強まっています。つまり、構造改革がマクロ経済政策と並ぶ重要な成長戦略として位置づけられているのです。とりわけ二〇一四年のG20では議長国オーストラリアの呼びかけのもと、各国が実質成長率を二％引き上げることを目標とした成長戦略にコミットしました。

◆構造改革の目的

次に、構造改革とは何をすることでしょうか。実は、この定義は非常に難しく、ともすると範囲が拡大し、内容も曖昧になりがちです。そこでＯＥＣＤでは、構造改革の目標を「一人当たりＧＤＰ」の最大化に絞ることで、具体的な諸施策を体系的にまとめ上げています。

より具体的には、マクロの生産関数を仮定し、その生産関数に沿って一人当たりＧＤＰの成長に寄与すると考えられる構造改革を整理します。

ここで、二つの点にご注意ください。一つはＯＥＣＤの構造改革の提言は、中長期的な経済成

図表7-1　1人当たりGDPを規定する要素

$$\frac{\mathrm{GDP}}{\mathrm{POP}}=\frac{\mathrm{POP}_{16-64}}{\mathrm{POP}}\times\frac{L}{\mathrm{POP}_{16-64}}\times\frac{E}{L}\times\frac{\mathrm{GDP}}{E}$$

$$\mathrm{GDP}=K^{1-\alpha}(E\times h\times A)^{\alpha}$$

$$\frac{GDP}{E}=\left(\frac{K}{GDP}\right)^{\frac{1-\alpha}{\alpha}}\times h\times A$$

長率の引き上げや一人当たりGDPの成長を目標としており、短期的な失業への対応やGDPギャップの拡大にどう対処するかは考えていません。

また、言うまでもなく、世の中には一人当たりGDPの最大化と同じくらい大事な政策目的があります。たとえば、所得格差の是正や環境保全、あるいは財政再建などです。これらの政策目標に対して、一人当たりGDPを最大化する構造改革がどのような影響を与えるかということを、別途OECDでは検証しています。ただし、そうした副作用を検証する一方で、環境保全を目的とした構造改革、あるいは所得格差の是正を目的とした構造改革は提言していません。

◆一人当たりGDPを高めるには

では、「一人当たりGDP」は何によって増えるのでしょうか。それを示したのが図表7-1です。一見すると難しそうですが、意味は単純ですので、ご安心ください。

式の左側は一人当たりGDPを表したもので、GDPを総人口で割っています。式の右側はそれを各要素に分解したものです。第一項は、全人口のうち働ける人口がどれだけの割合を占めるか（労働力人口比率）を示しています。したがって、「働ける人口」を増やせばよいわけですが、これはまさに懸案となっている少子化対策や外国人労働者の受け入れなどが該当します。しかし、効果が出るまでに長い年月がかかったり、社会的な調整コストが大きかったりするなど、簡単にはいかない領域です。

続く第二項は、その働ける人口のうち労働市場に参加している人の比率（労働参加率）です。ここで「労働市場に参加する」とは、雇用されている人だけでなく、現在は失業中で職を探している人も含みます。したがって、「労働参加率」を高める方法には、高齢者の雇用延長や再雇用、あるいは女性の社会進出支援などがあります。

そして、第三項は、労働市場に参加している人のうち、実際に雇用されている人の割合です。これを雇用率もしくは就業率と呼びますが、その割合を高めるということは、裏返しに言うと「失業率を下げる」ことになります。就職支援、職業訓練など、いくつかの方法が考えられます。

これらに対して第四項は、ＧＤＰを雇用されている人口で割っているので、実際に雇用されている人が一人当たりでどれだけのＧＤＰを生み出しているかを示しています。これを「労働生産性」と呼びます。労働生産性を高める方法には、生産設備を増やしたり、労働者の能力を高めたり、技術を進歩させたりすることなどが挙げられます。経済学では、これらを「資本ストック」「人的資本」「全要素生産性」と呼んでいます。

これら四つのうち、初めの三つは労働力をより多く活用するための方法（労働利用率の向上）、最後の一つはより効率良く生産するための方法です（労働生産性の向上）。以上をまとめたものが

図表 7-2　構造改革の目標 —— 簡単な俯瞰図

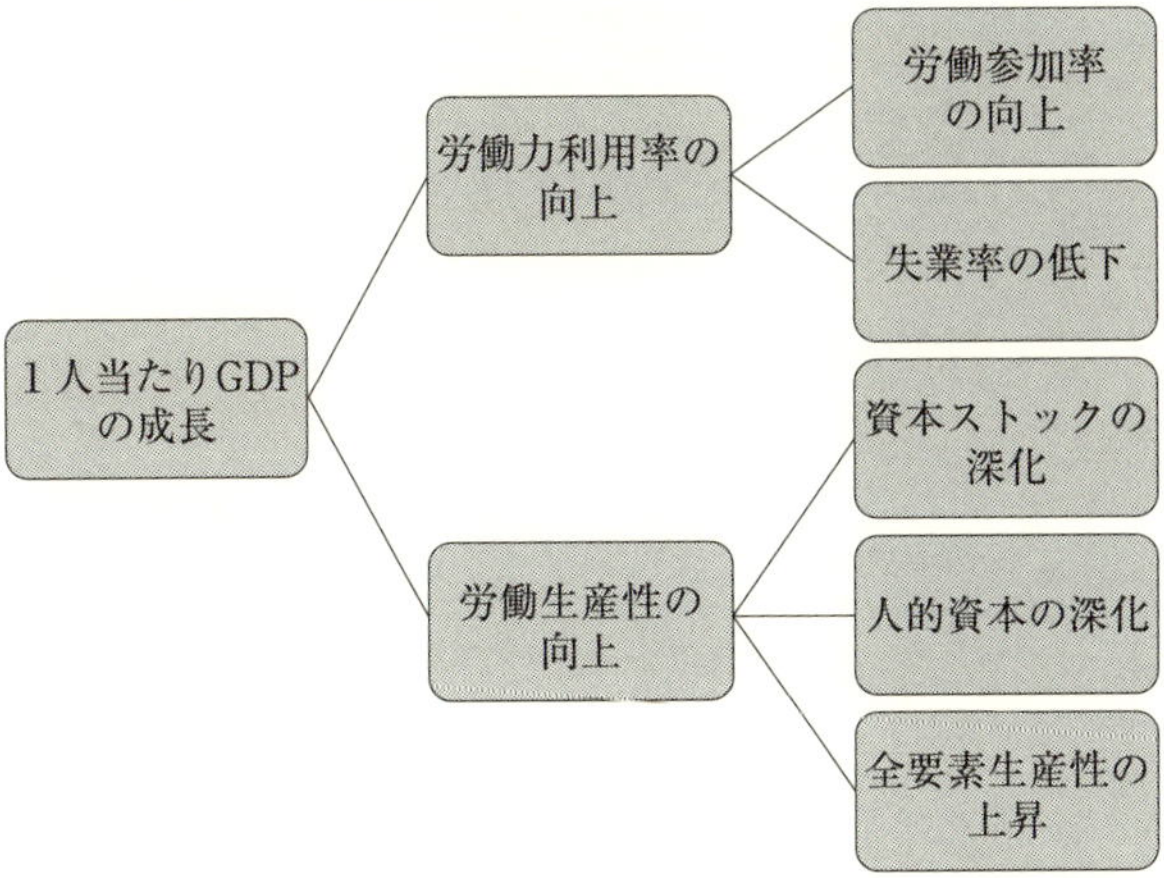

図表7−2です。これは、一人当たりGDPを高めるための方法を体系化したものと言えます。

2　労働参加率を引き上げる

さて、これでお話の準備ができましたので、次に具体的な構造改革について説明しましょう。まずは、労働参加率を引き上げる政策です。

◆女性の労働参加を促す

安倍政権の成長戦略でも取り上げられているように、女性の労働市場への参加をいかに支援するかという点に大きな関心が集まっています。たとえば、育児と仕事を両立できる環境を整えるために、託児所を増やして待機児童をゼロにする。また、働くお母さんのために、職場で育児休暇をとりやすい制度を作ることも有効でしょう。

あるいは、子どもを産んだ女性が仕事に復帰する際、育児と両立できるように短時間勤務を選択できるなど、勤務時間を柔軟にする政策が重要になります。すでに韓国では、育児休暇をとった女性が職場に復帰する際、パートタイム労働のように短時間で働く権利が、労働法で認められています。

一方、既婚女性の場合、現行制度では配偶者控除といった税制上の優遇措置や各種の手当などがありますが、労働市場に参加するとこれらが失われるため、労働参加を抑制していると指摘されています。このような既婚女性の労働意欲を削ぐような制度を設計し直すことも、大事な構造改革です。

◆高齢者と年金問題

もう一つ注目されているのが、高齢者により長く働いてもらうための政策です。ヨーロッパでは、年金支給年齢の低い国が多く、まだ働ける人が、「もう年金をもらって楽に暮らそう」と早期退職してしまうケースが数多く見られます。これを防ぐため、たとえばフランスでは保険料の支払い年齢の上限を引き上げました。保険料を払うために働き続ける人が増えるだろうと考えたのですが、裏を返すと働き続ける人が年金受給で不利にならないようにするための制度でもあります。ただし、新しい規定が適用されるのは二〇三五年ですので、効果が期待できるのはまだ先のことです。

一方、北欧の国々では失業手当や疾病休暇が充実しているため、年金支給年齢前から実質的に就労しなくなってしまうケースが問題になっています。そこで、疾病手当の支給要件を厳しくしたり、疾病度合のモニタリングを強化したりするといった改革が考えられています。

日本では、働く意欲の高い高齢者が多いので、むしろ雇用延長や再就職を容易にするような政策が有効でしょう。

◆非公式労働をなくせ

もう一つ、おもに新興国で深刻なのが非公式労働です。これは、社会保険料や税金が高すぎるために、正式な労働契約を結んだり社会保障に加入したりせず、非公式に就労する（させる）インセンティブが、労働者側にも企業側にも働いてしまうのです。実は、インドでは雇用の八割以上が非公式労働だとも言われています。

当然ながら、非公式労働では契約も保障もありませんので、ともすると低賃金かつ劣悪な環境で働かされることになります。また、統計にも把握されない活動なので、一人当たりＧＤＰに貢献しません。

こうした非公式労働を防ぐには、労働契約を結ぶ義務を強化するような雇用法制が必要ですし、所得税の最低課税水準を引き上げるなど正規の労働市場に参加する意欲を削ぐような誘因を減らす制度づくりも求められます。

◆就業支援と失業保険

こうして労働市場に参加した人たちは、現時点で雇用されている人（就業者）と職を探している人（求職者＝失業者）に分けられます。そこで次に、就業者を増やし、失業者を減らす政策、すなわち就業支援が必要になります。たとえば、職業訓練や企業研修、企業と求職者のマッチング支援などが挙げられます。

一方、失業保険の給付条件や給付水準が寛大すぎるために、失業した人が再び仕事を見つけようとしないという問題もあります。給付条件については、再就職活動はもちろん、職業訓練を受けて技能形成を続けないと失業保険を受けられなくしたりして、失業者の就職意欲を高めるよう工夫されています。また、失業保険の給付水準が高いと働かなくても生活できてしまうので、失業期間が長くなるにつれて給付水準が下がるような仕組みが考えられています。

◆雇用慣行と賃金問題

失業対策は、企業の側に働きかけることも可能です。つまり、いかに労働者を雇いやすくするかという観点の構造改革です。

たとえば、賃金など人を雇うコストを下げることも一案です。「賃金の引き下げなんて、けしからん」という声もあるでしょうが、実はヨーロッパの一部では産業別労働組合の力が強く、ある産業を代表する労働組合が経営側の団体と交渉して決めた賃金が、その産業のすべての労働者に適用されます。すると、個別企業の業績が悪化しても、社会全体の景気が低迷しても賃金を下げにくくなるため、企業はそれを見越してなかなか労働者を増やそうとしません。

また、社会保険料の雇用者（企業）負担の水準が高すぎると、企業には正規雇用を減らして非正規雇用を増やそうとするインセンティブが働いてしまいます。

さらに機微な問題が雇用法制、具体的には解雇の条件にかかわる改革です。たとえば、企業が労働者を解雇する際には、本人に事前通告をし、一定の所得保障をすることが多くの国々で法制化されています。もちろん、これは労働者の雇用・生活を守るための制度ですが、業績が悪くても雇用調整しにくいとなると、企業は景気の良いときでも労働者をできるだけ雇わないようにしようと考えます。これでは、新たな雇用機会が抑制されてしまいます。

立場によってはずいぶん耳障りな話ですが、社会全体、とくに日本の現実問題として若年者の雇用機会を増やすためには考慮すべき政策になります。

3　労働生産性を高める

では次に、労働生産性、つまり雇用されている人、一人当たりのＧＤＰを高める政策を紹介していきます。

◆資本ストック

まず、ＯＥＣＤでは「資本ストック」と言うとき、住宅投資や設備投資などの物的な資本投資だけでなく、道路や橋、ＬＡＮケーブルといった公共インフラ、あるいは研究開発投資、情報通信技術への投資といった知的資本への投資も勘案しています。

日本では、企業の設備投資を促進する軽減税制に重点が置かれがちですが、国際的な潮流を見ると、付加価値を生み出す源泉として知的資本の役割が高まっていると言えます。たとえばアメリカでは、二〇〇〇年代の初頭から、すでに知的資本に対する投資額が物的資本への投資額を上回っています。

インフラ整備は、日本では実感が湧きにくいでしょうが、新興諸国では切実な問題ですし、イギリスのような先進国でも公共インフラの老朽化が深刻な問題になっており、現実に生産性を抑制する要因になっています。そこで、公共投資への民間資本の参加を促す環境整備、たとえば「パブリック・プライベート・パートナーシップ（Public Private Partnership）」のような枠組みが考えられています。

研究開発では、第4話にありましたように、日本もさまざまな促進策を打っていますが、政府支出の対ＧＤＰ比で見ると、国際的にはロシア、フランス、カナダなどが積極的な支出を行っています。

◆人的資本・教育

次に、人的資本を進化させる政策として、ＯＥＣＤはもっぱら教育を考えています。教育には基礎教育と高等教育とがありますが、基礎教育では、たとえば義務教育の対象年度を早め、子どもが非常に若いうちから教育を受ける早期教育（Early Primary Education）が注目を集めています。早期に教育を始めることで、その後の人的資本の蓄積が容易になると考えられるのです。

教育対象の拡大と並んで課題なのは、教育の質のばらつきです。これに対しては、教育の概要・品質水準に全国統一の基準を導入したり、教員のトレーニングを行ったりして、教育の質を高めることも考えられます。

ここで一つのデータを紹介しましょう。図表7-3は、ＯＥＣＤが実施しているＰＩＳＡ（Programme for International Student Assessment）という各国比較が可能な学力テストの統計です。ただし、どの国の学力スコアが高いかではなく、テストを受けた生徒の間で学力スコアにどれだけばらつきがあるかを表したものです。つまり、その国の教育の質がいかに不均一かを類推させる指標なのです。

たとえばグラフ下方のイスラエル、ニュージーランド、フランスなどは、テストのスコアが高い人と低い人のギャップが大きいわけです。これは、学力の低い人たちを底上げできていない可能性を示唆しています。また、日本もＯＥＣＤ平均と比較してスコアのばらつきが大きく、底辺の子どもたちが取り残されている可能性があります。

図表 7-3　教育成果のばらつき —— PISA スコアの分散

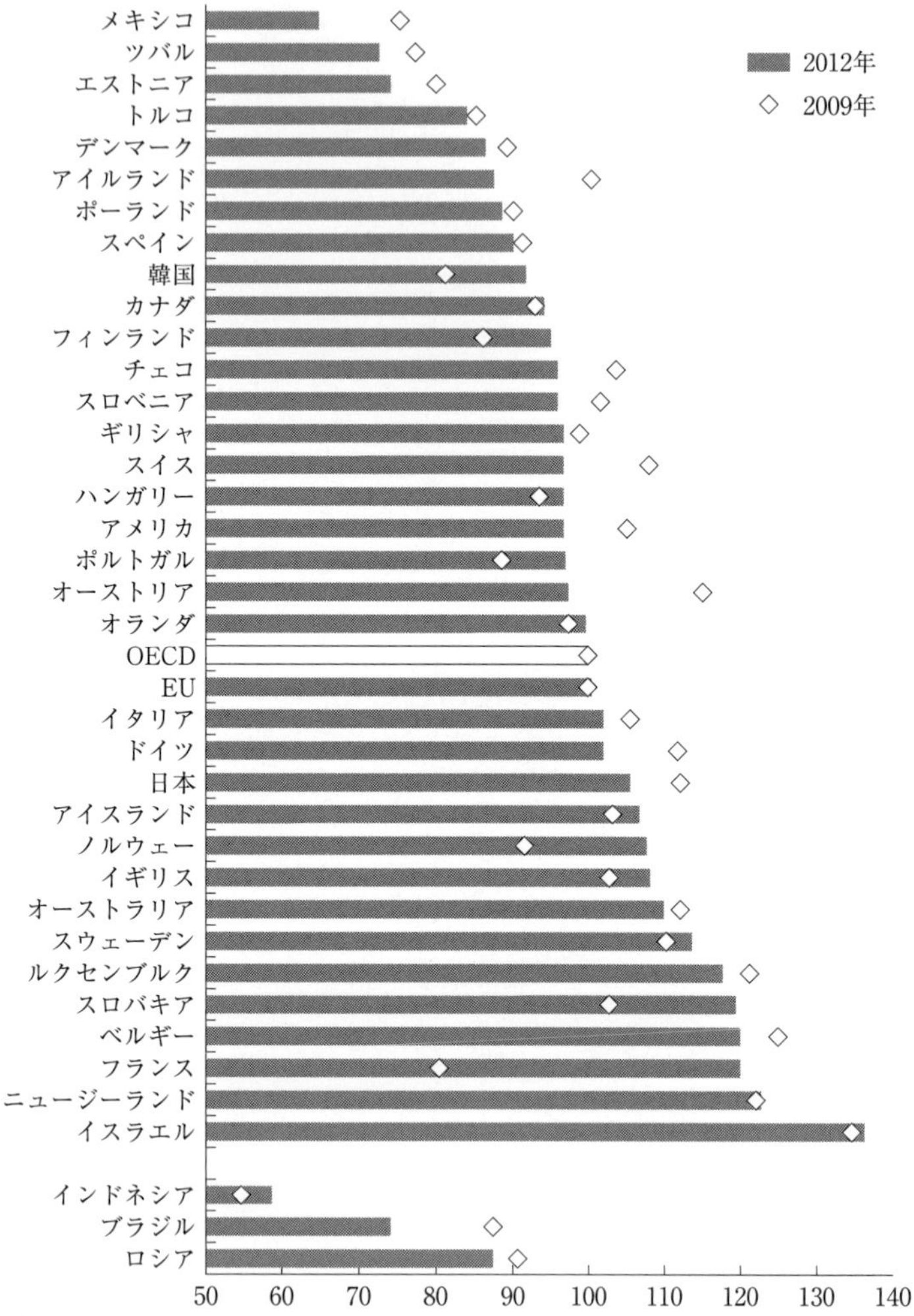

出所：OECD.

◆全要素生産性

最後に、最も重要な全要素生産性を取り上げます。全要素生産性を高める方法の一つは、労働や資本を、より生産性の高い産業や企業に円滑に移動させることです。つまり、圏内の資源配分機能を強化するような政策が考えられます。

具体策の一つは、先ほどお話しした雇用法制の改革です。「解雇」と言うと印象が悪いですが、衰退企業から有望な企業へと労働者が円滑に移動できれば、経済全体の生産性を高めることにつながります。

もう一つは金融市場の改革です。これは、たとえば政府が金利を規制して低い水準に抑えると、生産性の低い企業まで過剰な融資を受けたりして、資金の配分が非効率になります。市場の機能を強化し、収益性が高く、より高い金利を払える企業により多くの資金が配分されるようにすることが大切です。

また、新しい企業が市場に参入し競争を促進することで、企業が生き残りをかけてイノベーションを活性化するといった好循環を作り出すことができます。そのためには、参入障壁となっている規制を撤廃する政策が有効です。国内だけでなく、海外からの貿易や直接投資に対する障壁を減らすことによって、外国企業の投資や技術を呼び込むことも同じく有効です。

4　ＯＥＣＤから見た日本の構造改革

◆構造改革指標

以上、構造改革を一人当たりＧＤＰの最大化という観点から整理してきました。ＯＥＣＤでは、各国の構造改革への取り組みに関して実に広範な分野にわたり各国で比較可能な指標を作っており、それらと一人当たりＧＤＰを規定する経済パフォーマンス――先ほどお話しした労働参加率や失業率、資本ストックや全要素生産性など――をマッチングさせて、加盟各国に政策勧告を行っています。

たとえば、育児支援支出に関する指標と女性の就業率、失業率と解雇規制の厳しさ、全要素生産性と対外直接投資規制といった具合です。

◆ロー・ハンギング・フルーツを探せ

では、そのようなマッチングを行うと何が分かるのでしょうか。たとえば、ＯＥＣＤの豊富な実証研究から、育児支援関連支出を増やすと女性の就業率も高まることが明らかになっています。このとき、ある国の女性就業率と育児支援関連支出の両方がＯＥＣＤ平均を下回っている場合、育児支援を強化すれば、女性就業率の向上を通じて高い確率で一人当たりＧＤＰが増加すると期待されます。すなわち、構造政策と経済パフォーマンスの両面でＯＥＣＤ平均を下回る分野において、改革を優先的に進めることで大きなリターンが得られると考えられます。

これを「ロー・ハンギング・フルーツ（低い枝になっている＝手に入れやすい果実）」と呼びます。つまり、あれもこれもと総花的に行うのではなく、比較的容易に大きな成果をあげることが期待できる分野を抽出し、そこへ集中的に資源を投入して確実に成果を出そうと考えるのです。

ＯＥＣＤでは、このロー・ハンギング・フルーツを、多数の指標を使ってシステマチックに特定し、国ごとに優先的に取り組むべき構造改革のリストを作成した後、その国々の実態に合わせて勧告内容を調整し、さらにはこうした勧告がどの程度実行されたのかを監査します。

◆日本のロー・ハンギング・フルーツ

そこで、ＯＥＣＤが日本に対して行った構造改革の勧告内容を概観してみましょう。

まずはサービス産業における参入障壁の撤廃、農業補助金の削減、税制の直間比率の是正、そして女性の労働市場進出支援に、正規・非正規労働者間の雇用保護と職業訓練機会の格差是正などが挙げられます。

これに対し、近年の日本政府の対応を見ると、たとえば産業競争力強化法（二〇一四年一月施行）によって導入された「グレーゾーン解消制度」や「企業実証特例制度」は、企業の新事業にかかわる規制環境の不透明性を低下させることが期待されます。また、直近（二〇一五年四月）に開業した「東京開業ワンストップセンター」は、会社を興すときに必要な登記や税務、年金や社会保険などの手続きを一カ所で行うことを可能にするため、起業の初期費用を低下させることが期待されます。これらは、参入障壁の撤廃に向けた有効な一歩と言えます。

他方で、こうした起業環境の整備は、豊富なビジネスチャンスを内包する市場の自由化があってこそ、新規開業や競争を喚起します。その意味で、電気小売市場への全面参入自由化（二〇一六年施行見込み）は、新規参入と競争を通じた全要素生産性の向上と電力価格の低下に貢献すると期待されます。また、より幅広い産業で同様のダイナミズムを実施するうえで、足元で進捗が滞っている環太平洋経済連携（ＴＰＰ）協定の着実な妥結や、医療サービス市場などの成長市場における、さらなる規制改革が望まれます。

農業補助金の削減については、米の生産調整制度を廃止する方向で決定がなされています。他方、減反に伴う補助金も廃止になりましたが、実際には米作物から他の戦略的作物に転用する際の補助金が高い水準で維持されているので、「米を作らないことに対する補助金」がもらえる状況は、実質的に変わっていません。

税収の直間比率の是正については、日本はＯＥＣＤ諸国のなかで税収に占める直接税の比率が最も高く、七〇％以上に達しています。これをもっと間接税に依存した税制体系に移行することが望まれます。すでに消費税の引き上げが進んでおり、今後も政府は法人税を引き下げる議論をしています。

女性の労働市場参加について、安倍首相は保育所の増加など野心的な目標を打ち出しています。

正規・非正規の労働者間の雇用保護の格差については、かねて指摘されている問題ですが、正規労働者が手厚い雇用保護を受けているのに対し、非正規雇用の人たちは不安定な状態にあります。これに関してＯＥＣＤは、非正規労働者の雇用保護を強化し、反対に正規労働者は保護規定を緩和しましょうと提言しています。

ただし、これは難しい問題でもあり、安倍首相も国家戦略特区において雇用ルールの明確化を打ち出すにとどまっています。「明確化」とは、規制の緩和ではなく、どのような条件で雇用し、どのような条件が満たされなかったら解雇するということを明確化し、解雇が紛争化することを防ごうとするものです。いずれにせよ、国家戦略特区だけで実施しても効果は限定的なので、全国規模で行われないと、日本は世界一ビジネスがしやすい国にならないのではないでしょうか。

◇アベノミクスに必要なもの

最後に、日本の構造改革について課題と展望をお話しします。

ＯＥＣＤの「一人当たりＧＤＰの増加」という視点から見ると、安倍政権の構造改革は、有望な分野が多いと言えます。しかし、これまでに打ち出された政策では、大きな前進が期待できるほどの制度改正に至っていないと思われます。つまり、方向性は正しいのに、本質的な改革が少ないか、本質的な一歩が小さすぎるのです。それは、なぜか。私は、構造改革の最終的目標があまり明確でないことに一因があると考えています。

たとえば「女性が輝く社会をつくろう」という目標は、スローガンとしてはよいでしょうが、政策目標としては抽象的すぎるため、どのような政策がどの程度それに貢献するのかを見定めるのは容易ではありません。一方、目標は明確なのに、個別の制度改正を議論する段階になると、本来の改革目標との関係が曖昧になってしまう事例も、よく見られます。これは、目標と手段が論理的に結びついていないことが考えられます。

また、日本独特の事情のもとでは国際的に推奨されている構造改革は有効でないとする、「日本特殊論」はこれまでもしばしば見られました。しかし、違いを言い出せばすべての国に個別事情があるのであって、日本だけが特別だと言っても諸外国や国際機関は納得しません。さらに、改革の推進には国内外の理解・支持を得なければなりませんが、そのためには誰が見ても納得できる明瞭で普遍的な論理や根拠が必要です。ところが構造政策を一部の政策担当者のドグマや直感的な言葉で語り始めると、幅広い理解を得づらくなってしまいます。

加えて、構造政策が客観性の高いデータや厳密な実証分析によってではなく、政策担当者の決め打ちや思い込みによって企画立案されている場合、当然ながら政策効果は限定されてしまいます。

最終目標の曖昧さ、目標と手段との関係の不明瞭さ、日本特殊論、そして直感的表現とエビデンス・ベースの施策立案の不足。これらはいずれも、今、日本に求められている改革の実行を困難にするものです。これを改善するには、どのような目標に対し、いかなる政策が有効なのかを理論的・実証的に明らかにし、体系化することによって、目標と手段とを論理的に結びつける必要があります。ＯＥＣＤの構造改革勧告の手法はこうした取り組みに対して有益なヒントを与えるものだと思います。

第8話

エビデンス・ベース社会の構築に向けて

黒田昌裕
(独立行政法人科学技術振興機構研究開発戦略センター
上席フェロー、慶應義塾大学名誉教授)

私は長らく経済学研究に携わってきましたが、とくに実証経済学と呼ばれる方法で研究を続けてきました。これは、現実社会で起こるさまざまな経済現象のなかから数量的なデータを集め、それらを積み上げることによって、人々の経済活動や市場の動きを説明できるような理論を構築しようという立場です。

たとえば、「市場はなぜ、どのように動くのかを知りたい」と思ったとしましょう。「科学や技術の発展が市場を成長させる原動力なのではないか」、あるいは「制度や法律が人々の行動を規定しているのではないか」など、さまざまな疑問やアイデアが浮かびます。実証経済学では、こうしたアイデアを「仮説」として、その仮説を確かめるためにはどのような情報が必要かを考え、現実社会のなかからそれらの情報を集めて整理し、仮説を検証します。

そうして市場の姿と仕組みを解明して初めて、「では、市場をもっと上手に機能させるには、どうすればよいか」「人々が求める財・サービスをもっと提供するためには、市場をどのように変えればよいか」といった疑問にも答えることができると思うのです。

現在、私は科学技術振興機構（JST）の一機関である研究開発戦略センター（CRDS）で、科学技術政策（policy for science）のあり方を研究しています。第4話であったように、今日、科学技術政策そのものを科学的な根拠に基づいて立案・実行すること（science for science policy）が求められているのです。ここでも、判断の根拠となる数量データの収集と蓄積が重要な役割を果たしています。

この第8話では、そもそも統計データとはどんなものか、どのようにして社会に役立つのかといった問題から始めて、自然科学・社会科学を支える観測の重要性を確認します。そのうえで、エビデンスに基づいて質の高い議論や合意形成ができる社会の実現に向けて、科学と社会のコミュニケーションのあり方を考えたいと思います。

1　統計データから真理は見えるか？

◆見えないものを見えるように

皆さんは第6話、第7話でＩＭＦやＯＥＣＤといった国際機関で数量的データがどのように活用されているかを知りました。日本人にとっては耳の痛い話もありましたが、こうした数量的根拠に基づく分析は目に見えないものを見えるようにする働きがあり、国際的な議論や合意形成のための共通基盤になっています。

しかし、一方では「統計に騙されるな」「数で表現できないものを数値化している」「データは冷酷で心がない」など、数量データに対する疑いや批判の声も絶えません。

なぜでしょうか。残念ながら、こうした批判の背景には、統計データを提供する側も受け取る側も、その性質を十分に理解していないことがあるようです。

◆実験室と社会

経済統計を含め、社会調査統計の目的は社会の実態や仕組みを知ることです。つまり、その社会がどのような構成員からなり、どのような活動を行っており、どのような出来事に対していかに反応するのか、お互いにどのように影響し合っているのか、などです。難しく言えば、社会の要素と構造、そしてメカニズム（作用の仕方）を明らかにしようとします。

ただし、やみくもに事実を集めたところで、社会の仕組みは分かりません。少なくとも、その性質が科学的に解明されたと言えるためには、分析の際に条件を制御できるように、あらかじめ調査が設計されていなければなりません。他の条件が一定のもとで、ある条件だけを変えたとき、観察対象に何らかの違いが観察されれば、ある条件の変化が対象にどのような影響を与えるのかが、科学的に明らかにされたと言えるのです。

理科の実験を思い浮かべてください。たとえば、二つのビーカーに同じ量の水を入れ、一方の温度は二〇度に、他方は五〇度に保って、溶ける塩の量を比較する。そうすれば、水の温度変化によって塩の飽和点がどのように変わるかを観察することができます。このように、他の条件をそろえたうえで一つだけ条件を変え、対象の反応の違いからその性質を明らかにしようとする実験を「管理実験（controlled experiment）」と呼びます。

皆さんもよくご存知のこの方法は、物事の性質を明らかにするのに非常に有効です。しかし、社会を相手にこの実験を行うのは、とても難しい。言うまでもなく、現実社会は実験室としてはあまりに大きく、多くのことが相互に作用し合っているので、「他の条件を一定」にすることが難しいからです。

そこで社会科学では、それまでの研究で分かっている事実から仮説的に理論モデルを作り、知りたいことを変数として、モデルに従って情報を集めます。これが統計データですが、その集めたデータを分析して明らかになった事実から理論モデルを修正し、再び情報を集め、分析する。この繰り返しが、社会科学における実験なのです。もちろん、とうてい理科室における実験のようにはいきません。そこで、どのような統計データを作れば管理実験に近づけられるかが重要になります。たとえば、何を知るために、どのような調査票を設計し、どのような方法で配布・回収し、分析するか。調査者と研究者が共通の目的意識を持って調査・分析しなければ、社会の性質を科学的に解明することはできないのです。

巷《ちまた》にあふれている「データ」は、作成する側も利用する側もこうした性質を理解していないことが多く、人々を誤った解釈・行動へと導いてしまうこともあります。そのことが、統計データに対する批判や誤解の一因になっているのではないでしょうか。

2　科学の進歩と観測データ

先ほどから「科学、科学」と連呼していますが、「科学的に解明する」ことの意味をもう少し考えてみましょう。そのためには、社会科学の先輩である自然科学の歩みを知ることが有益です。

◆物質の構造を解明する

自然の摂理に対する関心が神の摂理の探究から枝分かれし、自然の摂理の解明として科学的装いをまとい始めるのは一七世紀のこと。いわゆるニュートン力学が登場して以降、物理学は飛躍的な進歩を遂げ、一九世紀には、熱力学、電磁気学、統計力学など、いわゆる古典力学が完成しました。二〇世紀に入って、アインシュタインの相対性理論、そして量子力学を生み出し、物質の構造、分子の構造、原子核の構造、電子の構造……と、目を見張る成果をあげていきます。

このように物質の構造を解明したのが二〇世紀の物理学の大きな特徴ですが、それを支えたのが観測の精度・速度の飛躍的向上を実現したコンピュータの登場です。一九四〇年代には電子領域で情報をリレーすることが可能となり、後のスーパーコンピュータの開発につながっていきました。

さらに高度な演算能力を備えたコンピュータの登場によって物質の構造・性質が明らかになると、半導体などの現象の解明につながり、高性能な集積回路の開発が進みます。それは情報の蓄積能力や観測速度のさらなる向上をもたらし、今日に続くＩＴ化の促進に大きく貢献したのです。そして現在、物理学は明らかに次のステージに立っています。精緻な観測の積み重ねによって物質の構造や性質を解明した現代の物理学は、今度は逆に、まず必要な機能を考えて、そこから新たな物質を作り出すことに成果をあげています。いわゆる「元素戦略」を基軸とする物質・材料の革新的機能を創出しようという研究が始まっているのです。

まさに、本書で繰り返し提案してきた「ニーズに基づく研究開発」そのものと言えるでしょう。

しかし、注意していただきたいのは、このような研究ができるのは、物理学が膨大な観測の蓄積によって物質の構造・性質を解明したからであって、ようやくそのステージに立ったということなのです。そしてその発展は、物理学以外の分野にも及んでいます。

3　経済学とエビデンス

◆では、経済学はどうか?

このように言うと、当然、「お前たちはどうなのだ」と問われるでしょう。正直に答えれば、経済学を含む社会科学では、いっそう分からないことばかりで、自然科学の足元にも及びません。社会科学には顕微鏡や望遠鏡などの観測道具もありませんし、実験と言っても大変な苦労をして管理実験に「近づける」のが精いっぱい。人間の行動や社会の仕組みを理解するのは実に難しいのです。

◆あるべき市場とある市場

経済学の父と呼ばれるアダム・スミスが直面した現実は、産業革命が進行する一八世紀のイギリス社会でした。科学技術の進歩によって産業構造が急速に変化し、失業者があふれ、所得の不平等が顕在化しました。こうした劇的な変化をどのように把握・理解し、深刻な社会問題をいかに解決すればよいか。それが、スミスの一番の関心事だったと思うのです。

このとき、スミスの考え出した理論ツールが、「マーケット・メカニズム」でした。彼は、当時の自然科学の影響を受けつつ、調和理論、すなわち市場が調和するための理論を考案します。そして、その後の経済学は、この市場の理論を洗練させながら、「市場を調和させるために、経済活動はいかにあるべきか」という規範的な思考によって組み立てられていきました。

その代表的経済学者がレオン・ワルラスやヴィルフレッド・パレートです。彼らは、微分・積分などの数学的手法を援用しつつ、「摩擦のない世界」を想定して、理想的な市場では何が起こるかを明らかにしようとしました。

◆エビデンス・ベースの経済学へ

このような方向での研究が、今日まで続く経済学の主流を形成しています。いかなる条件のもとで効率性が達成されるのか。どのような前提を置けば解が安定するのか。数学的手法を駆使した理論はますます洗練され、精緻になっていきました。ただし、その前提とされた条件が現実社会にどれだけ当てはまるかは、必ずしも十分に検証されてこなかったのです。

このため、経済学は現実の経済現象を説明する力に乏しく、むしろ理想の市場と現実社会との乖離を指摘し、改善の方向や方法を提示する規範的学問として成長していきました。しかし、ここまで読まれた皆さんは、この思考法の問題点に気づくはずです。現実経済の構造も性質もメカニズムも解明せずに政策を論ずることは、病気の原因も分からず処方箋を書くことに等しいからです。

しかし、こうした経済学が、ようやく変わろうとしています。今日、世界各地で経済の実態調査に関する大規模なデータベースが構築され、国際的な相互利用が可能となり、人々の経済活動や市場の働きに関する観測が飛躍的に進んでいます。日本でも、遅ればせながら大規模経済データベースの構築に向けた動きが始まっています。これによって、経済学も新たな段階に進むことができるはずです。第6話、第7話で披露された政策提言は、そうした観測に基づく経済学のささやかながらも重要な知見の一つと言えるでしょう。

◆変化の構造を読み解け

ただし、現在の自然科学が立つステージに社会科学がたどりつくのは、まだまだ遠い将来のことです。なぜなら、社会科学には自然科学にない大きな難関があるからです。それは、構造が変化することです。

一般に、物質の構造を解明しようとするとき、物質が意思を持っているかどうかを考える必要はありません。これは、物質の構造が安定しているので、変化しないことを前提にして、構造を解明すればよいということを意味します。

一方で、社会科学の場合は、人間を原子や分子のようにとらえて観察しようとすると、一人一人が価値観や意思を持っていて、ある人が何らかの行動を起こすと、そのインパクトを受けて他の人の動きがどんどん変化していき、やがては社会の構造も変化していきます。そのため、人（原子）の構造を解明するだけでなく、構造変化の仕組みを構造化しなければならないのです。言い換えれば、構造だけでなく、構造が変化する様子をも観察して、その変化の仕組みを理論化しなければならないということです。しかし、構造の変化の仕方をとらえて構造化するには、観察・実験が圧倒的に足りません。

このような科学の発展のステージに関する理解はとても重要です。それぞれが立っているステージを、研究者はもちろん市民も理解していなければ、今日の科学に何ができて何ができないのかも分からず、不毛な神学論や魔女裁判が行われかねません。また、科学が社会のためにどのような貢献を果たすべきなのか、科学者と社会との間で合意を形成することもできないことになります。

4　エビデンス・ベース社会を作るために

こうして議論のテーマは、社会と科学との対話、社会のなかで科学が果たすべき役割へとたどりつきます。本書が提言するエビデンス・ベース社会は、単に大規模データベースを作るというだけでなく、社会と科学との関係、議論と意思決定のルール、ひいては人々の考え方や行動様式まで変えようというものだからです。そこで最後に、科学者の社会的責任、および科学者と市民とのコミュニケーションのあり方についてお話ししたいと思います。

◆トランセンデンタル・サイエンス

ＥＵで主席科学政策顧問を務めていた科学者が、遺伝子組換作物の研究について意見を求められました。「研究の継続を認めるべきか、禁止すべきか」と。彼女は悩んだ末に、「現在の科学のステージにおいて、弊害をもたらすという事実は明らかになっていない」、だから「やるべきだ」と答えます。しかし、前者は科学的見地に基づく発言ですが、後者は価値判断を伴う意思決定を含むと言えます。科学者として、そのような回答をすべきだったのか、とその科学政策顧問はその後も悩み続けることになります。

実は、この問題はすでに一九四〇年代にアルヴィン・ワインバーグという核物理学者によって提起されています。彼が「トランス・サイエンス（正確には transcendental science：超科学）」と名づけたそれは、科学者が知的好奇心のみに駆られて自然の法則を探究することの限界と危険を指摘し、科学技術がもたらす社会への影響に科学者の関心を向けさせようとするものでした。

たとえば、今日の私たちの生活は、石油・石炭など化石由来の燃料に強く依存しています。これは、こうした燃料を熱エネルギーさらに電気という動力源へと効率的に変換する科学技術が開発されたからこそ実現したものです。一方、その結果として出現したエネルギー多消費型社会は、大気汚染や地球温暖化など新たな問題を引き起こしました。しかし、当時の科学者は、自分たちの開発した技術によってこのような社会問題が招来されるとは夢にも思わなかったでしょう。

また、近年ではＩＴ技術の発達、とりわけ情報通信ネットワークの普及が多対多の双方向コミュニケーションを可能にし、人々の生活スタイルまで変化させています。さらには人対モノ、モノ対モノの情報通信が可能となり、それが社会の構造を変える可能性まで指摘されています。そして科学者も、自らの技術がもたらした社会の変化や弊害に対して無関心ではすまされなくなってきたのです。

しかし、一人の科学者が最先端の技術開発を行いながら、社会問題の解決にまで目を配るのはきわめて難しいことです。そこで重要になることが二つあります。一つが政治と科学の役割分担による協働、もう一つが自然科学と社会科学の連携による協働です。

◆政治と科学の役割分担

アメリカの例を紹介しましょう。二〇一〇年、ブリティッシュ・ペトロリアム（ＢＰ）社の石油掘削施設がメキシコ湾で原油を流出するという事故が発生しました。これに対し、アメリカ政府はＢＰ社を相手に補償を求めるわけですが、さて、妥当な補償額はいくらか。このようなとき、アメリカでは科学的根拠に基づいて議論・交渉ができるよう手順が整えられています。

まず、ホワイトハウス（大統領行政府）の大統領科学技術諮問委員会（PCAST: President's Council of Advisors on Science and Technology）が問題提起を行い、予算局がエネルギー省、保健福祉省、科学技術政策局など一三の省庁・部局に予算を配分し、対策の検討を指示します。指示を受けた各省庁はそれぞれの問題意識に沿って国立科学アカデミー（NAS: National Academy of Sciences）に助言を依頼します。これを受けてＮＡＳは担当する科学者を指名し、調査・研究のうえ科学的見地に基づく提案（proposal）を作成するのですが、この間、各省庁はいっさい口出しができません。

そして、NASが提案書を起案すると、ラウンドテーブルと呼ばれる協議の場が設けられて各省庁の担当者からNGOなどの外部者まで含めて意見聴取が行われます。これを踏まえてNASが提案書をまとめ、専門家によるピア・レビューを経て、議会に提出されるとのことです。その提案を根拠としながら、アメリカ政府はBP社と賠償額を交渉したわけですが、ひとたび提案書を提出すれば、NASが政策決定に関与することはありません。

つまり、民主主義社会の一機能として、社会が科学をどのように活用するかが制度化されているのです。日本では、この点が大きく遅れていると言わざるをえません。

◆自然科学と社会科学の連携

そして、もう一つ。本書で重視しているのが、自然科学と社会科学の連携による協働です。科学技術をどのようにして社会の豊かさにつなげるか、科学が引き起こした社会問題をどのように解決するかは、自然科学者と社会科学者が協働して取り組む以外に方法がありません。また、社会のニーズを自然科学者に伝える際にも、社会科学者が重要な役割を果たすはずです。

さらに、今後は理系と文系、あるいは科学と政策の分断を越えて、それぞれをつなぐ専門人材の育成が不可欠になるでしょう。この点は非常に重要ですが、第Ⅲ部に譲りたいと思います。

さて、私たちが目指すエビデンス・ベース社会は、科学的に検証された信頼性の高い数量データが社会に広く提供され、人々の自由なアクセスを可能とすることで、確かな根拠に基づく質の高い意思決定や合意形成を実現するものです。

科学を豊かさにつなげる質の高い市場も、有権者の意思決定の質が担保された民主主義社会も、こうした知的インフラに支えられて、初めて構築できるものなのです。

第III部

理系、文系の垣根を大学から一掃しよう

真の大学改革

第9話

大学を成長の起点に！
——イノベーションの担い手を育てる

板倉康洋
（内閣府日本医療研究開発機構担当室参事官
（文部科学省大臣官房付））

吉川　潔
（京都大学理事・副学長、京都大学名誉教授）

◆イノベーション＝新たな価値の創造

政府の科学技術政策に関する閣議決定文書で、イノベーションという言葉が初めて登場したのは、二〇〇六年の第三期科学技術基本計画でした。ここで、イノベーションとは、「科学的発見や技術的発明を洞察力と融合し発展させ、新たな社会的価値や経済的価値を生み出す革新」と定義されています。また、第一次安倍政権で掲げられた「イノベーション25」（二〇〇七年）では、さらに踏み込んで「技術の革新にとどまらず、これまでとは全く違った新たな考え方、仕組みを取り入れて、新たな価値を生み出し、社会的に大きな変化を起こすこと」と定義しています。

実際、技術が優れているだけでイノベーションが起こるというわけではありません。かつてのソニーの「ウォークマン」や、近年のアップルの「iPhone」も、技術的な革新という以上に、社会に新たな価値を提示したことによって、市場に大きなインパクトを与えました。つまり、科学技術だけでなく、社会の制度や文化・思想まで、広く「新たな価値の創造」をイノベーションだととらえることが大切だと思うのです。

もちろん、そうした新たな社会的価値も、多くはさまざまな技術革新に支えられています。そして大学にはとくに、従来とはまったく違う革新的な着想で野心的な研究を生み、イノベーションの原動力となることが期待されているのです。さらに、その原動力になるために、最も重要なことは人材育成です。つまり、今、大学に求められているのは、創造的な学術研究と社会的ニーズを的確にとらえる優れた人材を養成するための高度な教育です。イノベーションも、そのための政策の立案・遂行も、そしてエビデンス・ベース社会の構築も、優れた担い手なくして実現で

図表 9-1　FDA 承認医薬品　発見の源

FDAが新規化合物あるいは生物製剤として
1998年から2007年に承認した新薬（252剤）の発見源

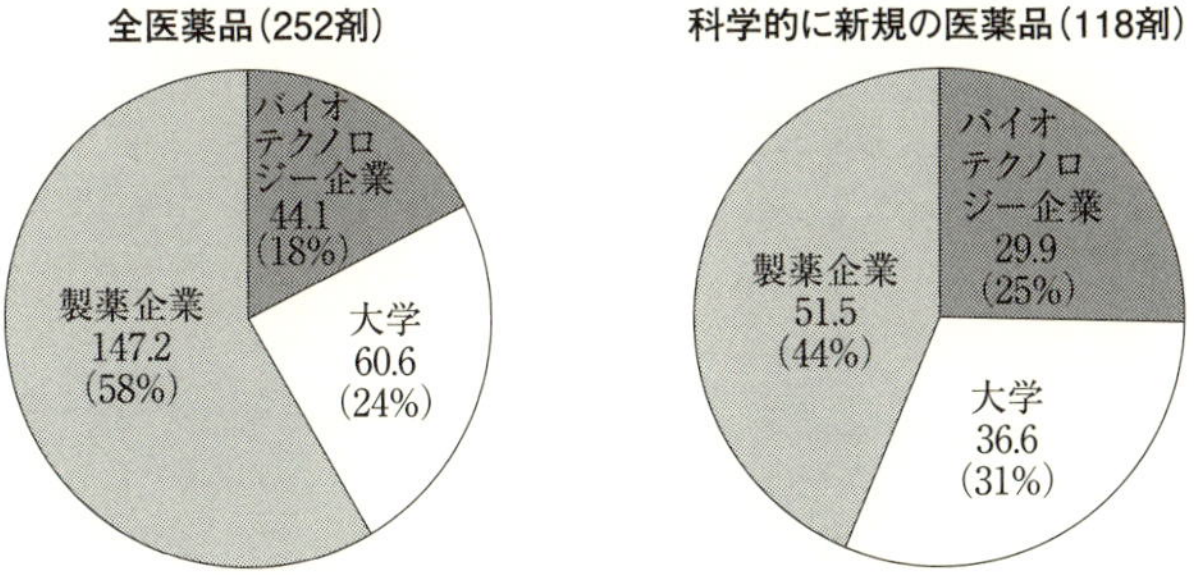

注：薬剤の価値はすべて同等と見なす。薬剤の発見に複数の組織が寄与した場合は、比例配分を用いる。

出所：Robert Kneller, *Nature Reviews Drug Discovery*, 9, 867-882, 2010.

きないからです。

それではまず、大学における研究・教育活動の現状と課題、そして政府の取り組みを説明し、後半ではその具体的事例として京都大学での先端的取り組みを紹介しましょう。

1　大学が担うイノベーション（板倉康洋）

私は、二〇一四年六月まで文部科学省の研究振興局振興企画課長を務め、科学技術振興と学術振興の双方の観点から大学における研究・教育活動を支援してきました。とくに第1話でも取り上げられた、バイオ医薬品の分野にも取り組んできました。

◆大学が生み出す技術のシーズ

たとえば医薬品開発の分野を見てみましょう。図表9-1はアメリカの薬事承認を担当しているF

図表 9-2　FDA 承認医薬品　発見の源（国別・地域別内訳）

FDAが新規化合物あるいは生物製剤として
1998年から2007年に承認した新薬（252剤）の発見源

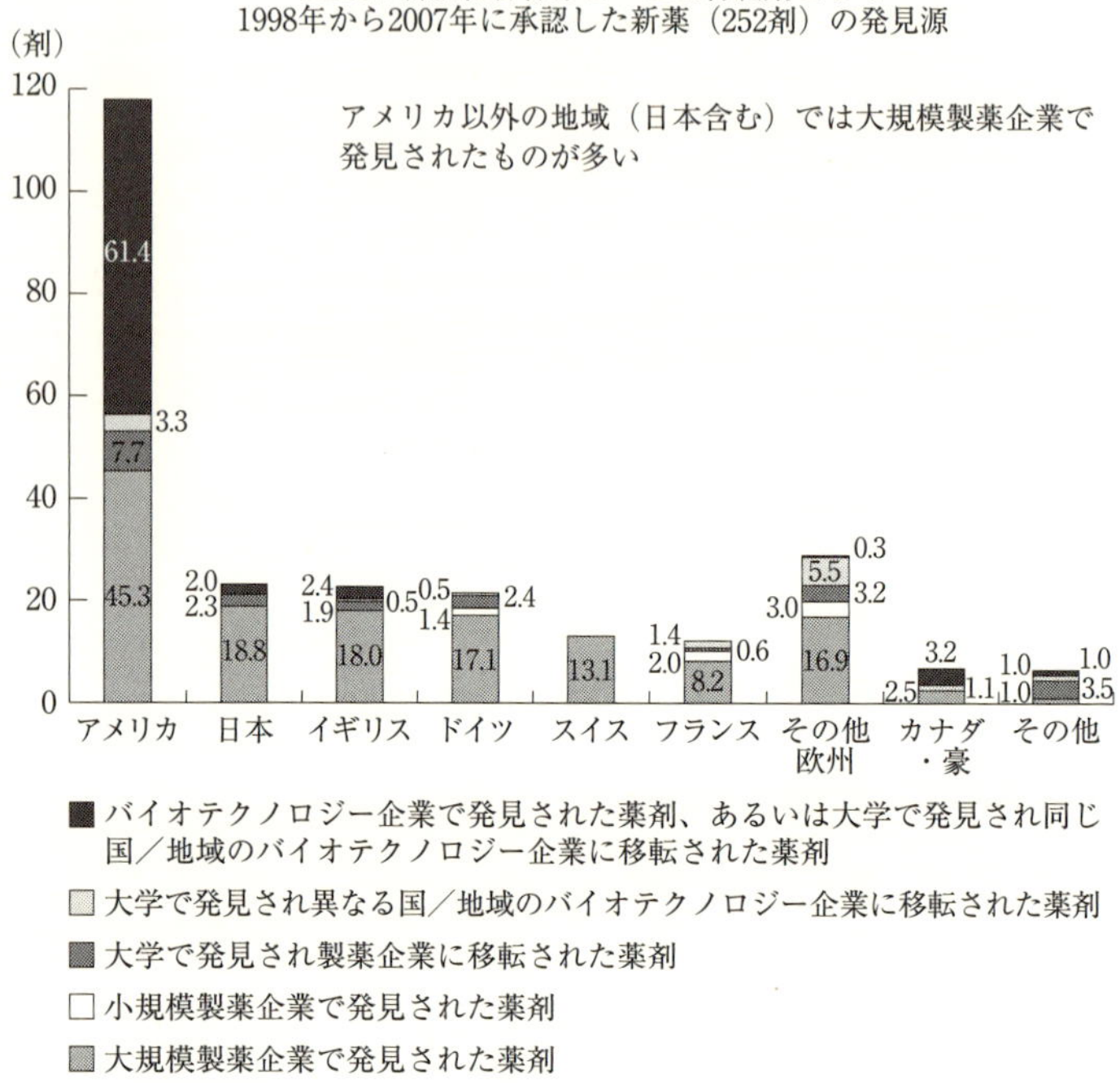

出所：Robert Kneller, *Nature Reviews Drug Discovery*, 9, 867-882, 2010.

DA（食品医薬品局）が、一九九八年から二〇〇七年に新規に承認した二五二の新薬のアイデアについて、その出所を分析した結果です。

全医薬品で見ると、ベンチャー型のバイオテクノロジー企業が一八％、大学が二四％で、製薬企業が過半を占めていますが、科学的に新規の医薬品を見ると、バイオテクノロジー企業二五％、大学三一％で合計五六％となり、製薬企業を上回ります。つまり、抜本的なイノベーションを起こすには、ベンチャーおよび大学が生み出すシーズが大きな役割を果たすのです。

このデータを国別に見たのが図表9-2です。アメリカは、大学で発見されたものをベンチャー企業が育てて商品化した事例が、製薬会社独自の開発例をはるかに上回っています。これがアメリカの強さであり、大学の革新的なシーズが実用化されるかどうかが、その国の力にとって重要であることを示しています。

2　日本の課題と今後の取り組み

◆国際的な地位の低下

本書でも繰り返し指摘されてきたように、日本の現状はあまり芳しくありません。たとえば、我が国の高等教育機関への公共投資は、諸外国に比べると半分ほどの規模です。これは研究教育だけではなく、公共投資全般が少ないという面もあります。一つの指標として、二〇〇一年以降のノーベル賞受賞者数を見ると、日本は三位で非常に健闘しています。ところが、論文の国際的なシェアや引用数上位の論文シェアを見ると、徐々に順位が下がっています。絶対数では決して下がっていないのですが、新興国を中心に高等教育・研究開発への投資が伸びているなかで、日本の相対的地位が下がってきているのです。

図表9-3　博士課程入学者の推移

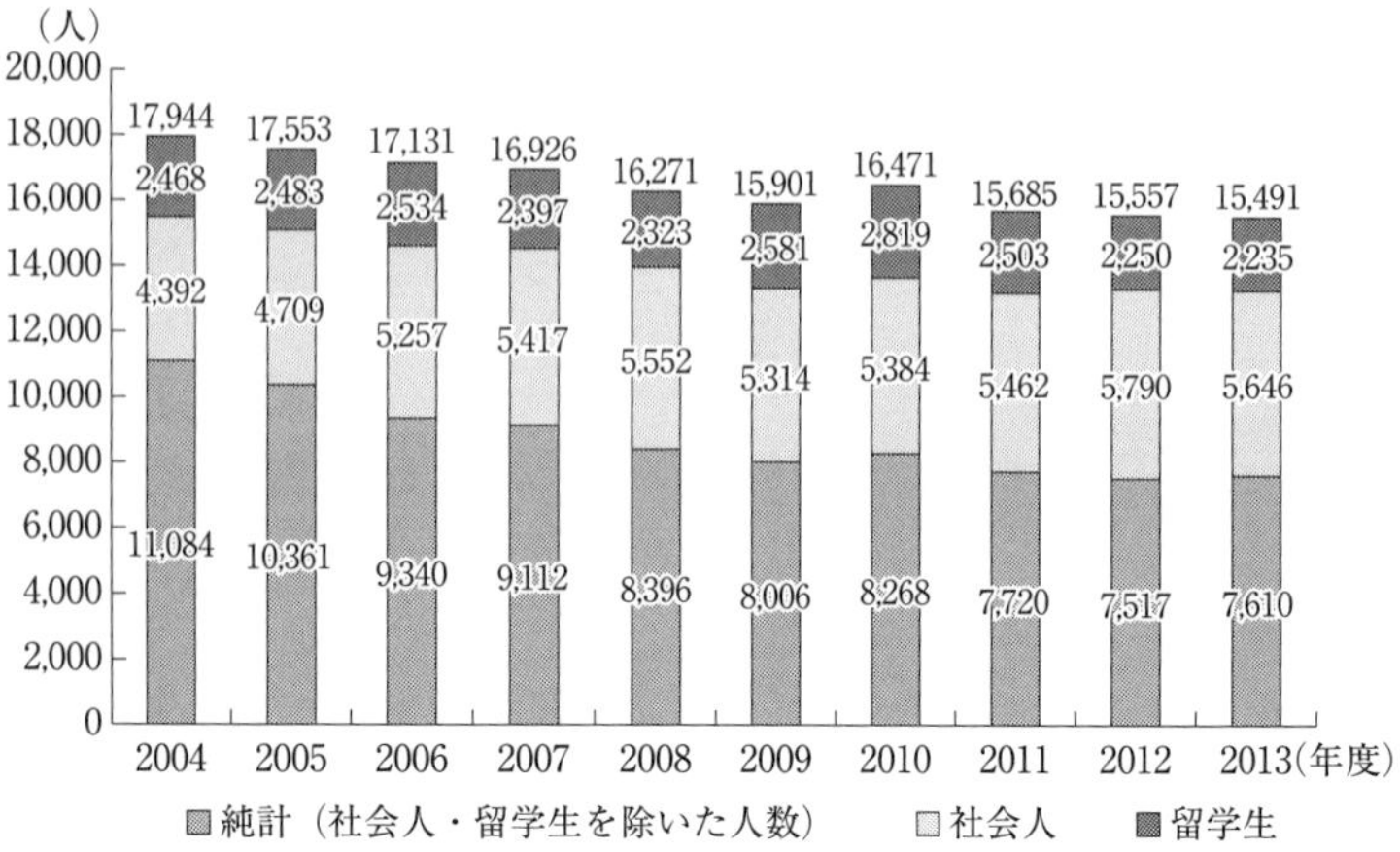

出所：文部科学省「学校基本調査」。

◆博士号取得者の減少

ただし、それだけではありません。一つの指標として博士課程入学者数の推移を見ると、日本では、一般学生から大学院の博士課程へ進学する人が減っているのです（図表9-3）。科学技術・学術政策研究所のアンケート調査でも、望ましい能力を持った若者が博士課程を目指していない、環境が整っていないなどの回答が寄せられており、若い人々にとって博士号を取得することに魅力を感じられなくなっているのが大きな問題点だと思います。

◆国際的リーダーの育成

では、どうすればよいのでしょうか。

先ほどお話ししたように、イノベーションの源泉は大学の学術研究です。そして、イノベーションの担い手は人間です。人材を育てることこそ、この国で最も重要なことなのです。近年、若者が海外に留学しないという報道を耳にします。しかし、そもそも私たちが目指すべきは、若者を海外に送り出すだけでなく、世界の人々と切磋琢磨しながら、そうした国際的コミュニティのなかでリーダーシップを発揮できる人材を育成することです。

そして、そのために日本の学術研究の場で取り組むべき課題として、私たちは「挑戦性、総合性、融合性、国際性」を挙げています。一人一人の研究者が新しいものに挑戦する。俯瞰的な視野を身につける。複数の分野を融合する。そしてもちろん、国際性を持つ。私たちは、こうした方針を持って、個々の大学および学術コミュニティと連携し、教育活動を支援していこうと考えています。

◆教育支援政策の評価指標

ただし、やみくもに予算を投じればよいというものではありません。教育政策にも「エビデンス・ベース・ポリシー」が必要です。では、この教育支援の成果をどのような指標で評価すればよいでしょうか。

たとえば、図表9-4は論文一本当たりの投資金額を示しています。一概には言えませんが、論文一本当たりの投資金額が大きいということは、資金配分がうまくいっていない可能性を示唆しています。また、資金配分という点では、各大学における分野ごとの人員構成も重要ですが、大学の法人化が行われた二〇〇四年と二〇一〇年を比べても、ほとんど変化がありません。このことから、大学での戦略的マネジメントに疑問が生じます。

図表 9-4　我が国の1論文当たりの予算額と論文の質

我が国の１論文当たりの予算額は主要国のなかでも高額。
一方、世界全体の水準と比べた論文の質を示す相対被引用度は、
主要国と比べて低い水準で推移。

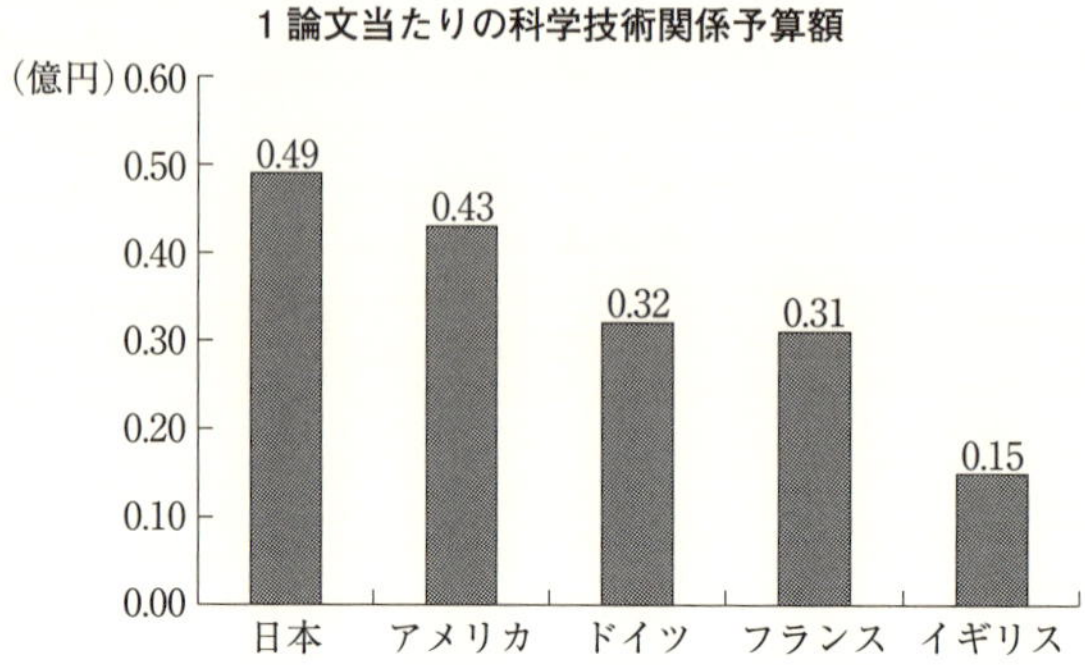

注：2010年度の数値。
出所：科学技術・学術政策研究所「科学技術指標2012」および文部科学省「科学技術要覧平成24年版」より試算。

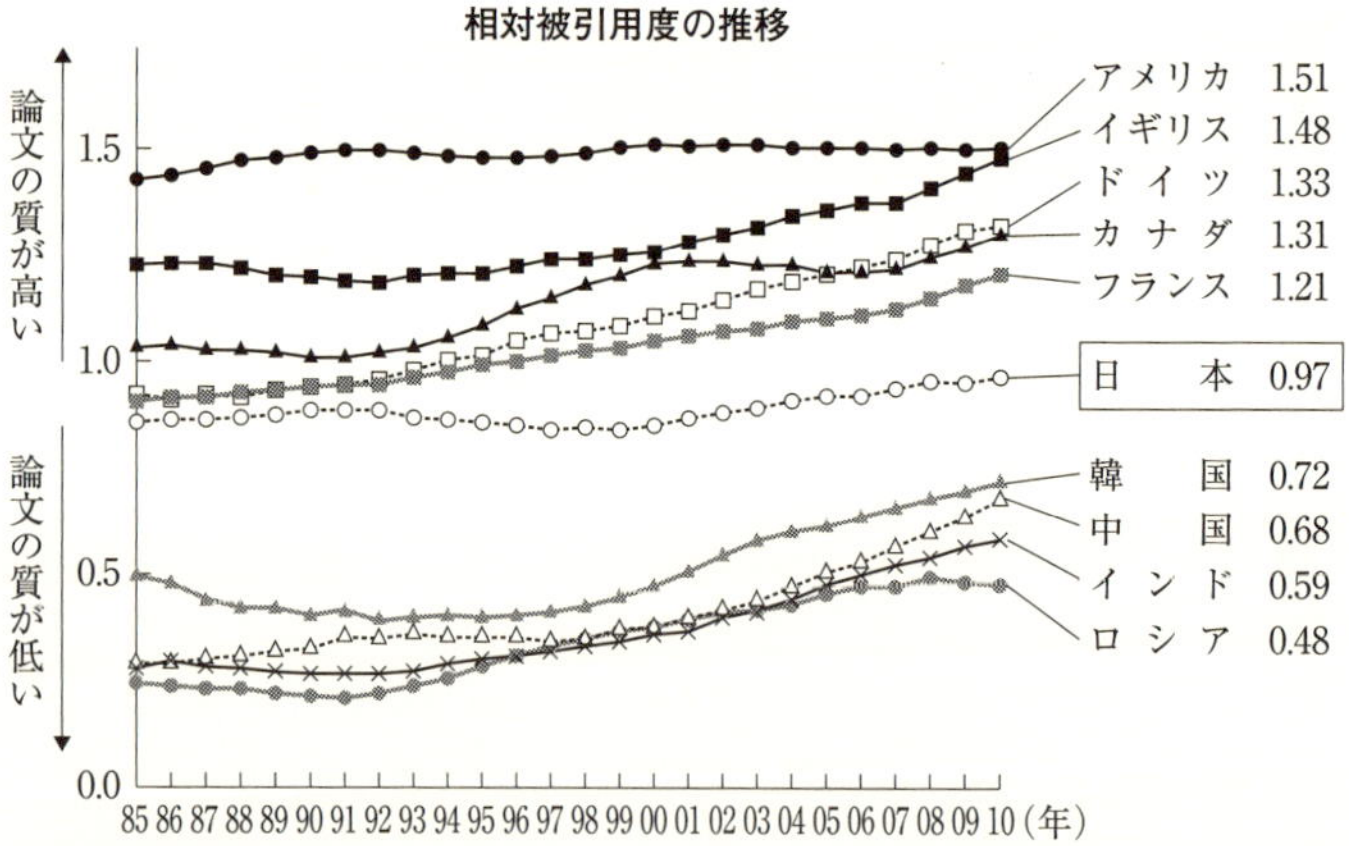

注：相対被引用度とは、各国の論文数当たりの被引用回数を全世界の論文数当たりの被引用回数で除して基準化した値をいう。
出所：文部科学省「科学技術要覧平成24年版」。財務省財政制度等審議会「平成26年度予算の編成等に関する建議」2013年11月29日。

また、図表9–5を見てください。丸の大きさは国際的な共著論文の数の多さを表し、線の太さは各国間の共著関係の強さを示しています。たとえば、日本人研究者はアメリカ人との共著論文が最も多く、共著論文数はイギリス・ドイツと同程度であることが分かります。この図で顕著なのは、この一〇年間で中国の存在感が大きくなっていること、欧米諸国間の共同研究が活発になっていることであり、そのなかで日本の地位が相対的に低下していることが見て取れます。こうした課題への具体的取り組みについては、次節で京都大学の事例を紹介します。

◆人と研究の文理融合を

前記四つの課題のなかから「融合性」の問題を取り上げたいと思います。本書のテーマ「なぜ科学が豊かさにつながらないのか？」に対する直接的な回答の一つが、複数分野の融合にほかならないからです。

たとえば、各国の特許出願数を比較すると、日本はトップランクに位置しており、技術的シーズでも世界有数であろうと思われます（図表9–6）。しかし、その実用化・事業化では先進各国に大きく後れをとっているのです。

その大きな原因の一つは金融です。新たな技術の事業化には、ベンチャーキャピタルのようにリスクをとって資金を供給する投資家が必要です。しかし、日本では技術を評価する専門知識と、投資に関する専門知識・経験とを兼ね備えた人材や組織がきわめて少ないため、ベンチャー企業が育たないという以前に、ベンチャーキャピタリストが育たないのです。

図表 9-5　我が国の研究の国際性

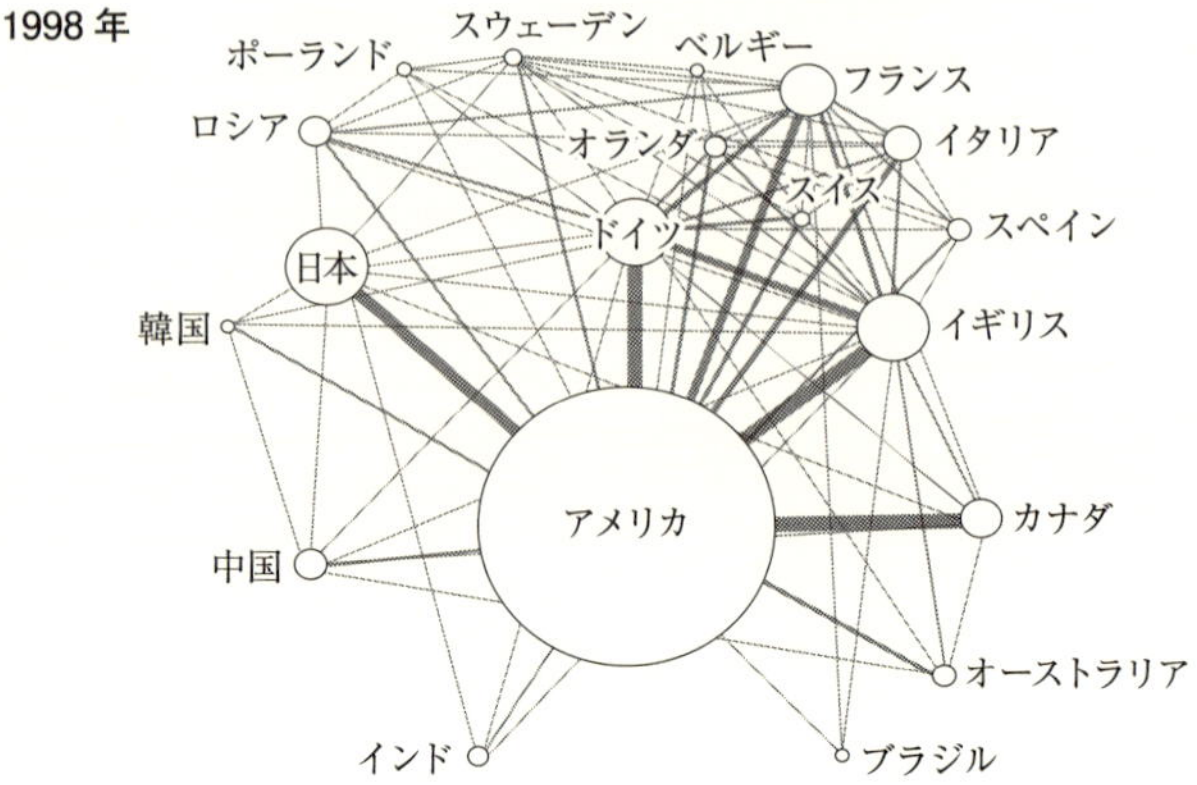

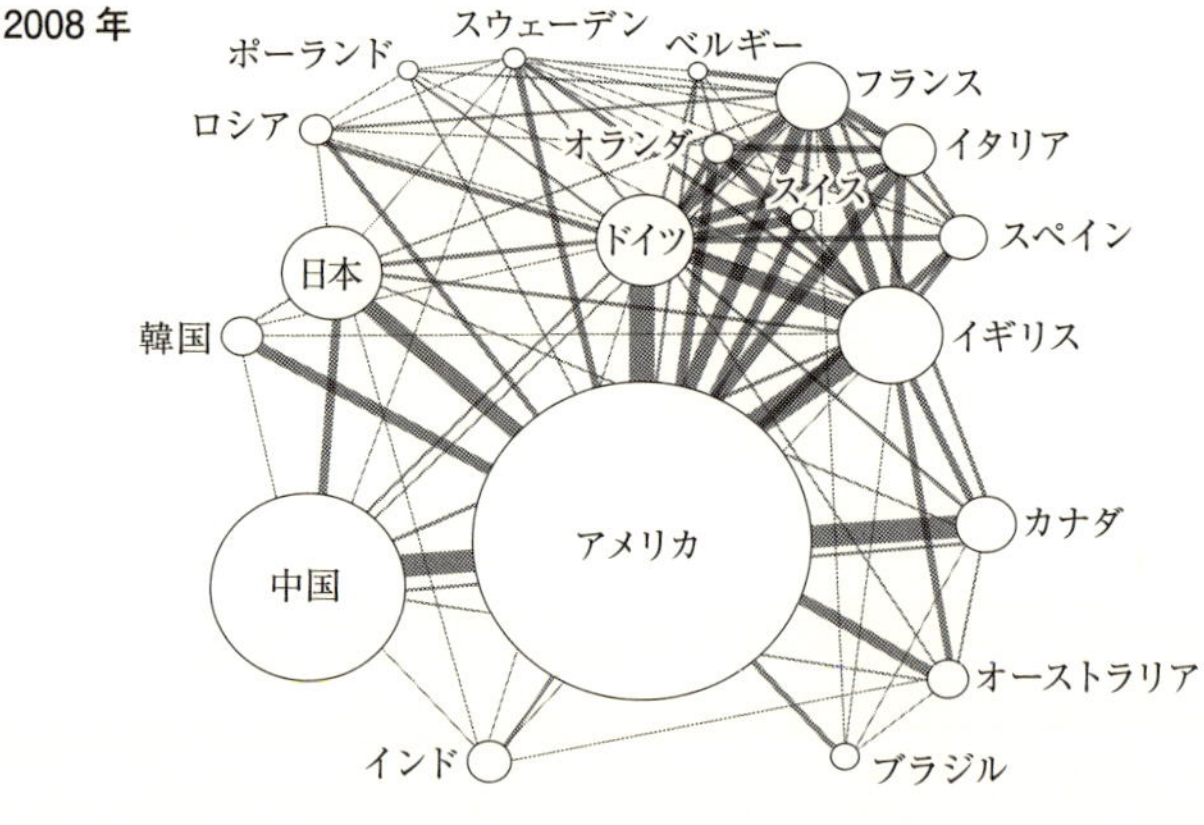

注：国と国の間の線の太さは科学出版物の共著関係の強さを、丸の大きさは当該国の科学出版物の数を示している（全数カウント）。中国の科学出版物数が増加し、欧米諸国の国際共著関係が強化している。

出所：OECD, *OECD Science, Technology and Industry Outlook 2010*, Figure 1.20.
科学技術・学術審議会国際委員会「第 4 期科学技術基本計画を踏まえた科学技術国際活動の戦略的展開について」2013 年 1 月。

図表 9-6　パテントファミリーを用いた特許出願の国際比較

特許出願数の国際比較は困難であるが、その問題をできるだけ回避した指標として、パテントファミリー数（2006-2008 年の平均）を見ると、日本が世界第 1 位、アメリカが第 2 位となっている。日米に次いでドイツが第 3 位であり、これに韓国、フランス、中国、台湾が続いている。

2006-2008 年（平均）			
パテントファミリー数			
国・地域名	整数カウント		
	数	シェア	世界ランク
日本	61,399	29.0	1
アメリカ	47,556	22.4	2
ドイツ	30,724	14.5	3
韓国	18,466	8.7	4
フランス	11,082	5.2	5
中国	9,506	4.5	6
台湾	9,318	4.4	7
イギリス	8,752	4.1	8
イタリア	5,668	2.7	9
カナダ	5,600	2.6	10

注：パテントファミリー数とは、同じ内容で複数の国・地域に出願された特許を、重複を排除するために同一のパテントファミリーとしてカウントした指標で、発明者の国・地域ごとに集計している。

出所：科学技術・学術政策研究所「科学技術指標 2013」調査資料 -225、2013 年。

そして、もう一つはマネジメントの問題です。たとえば素晴らしい医薬品を開発した大学教授がベンチャー企業を立ち上げたとします。しかし、経営のことは何も分からないので、製薬会社から経営者を招いたりするのですが、親交のある研究開発部門の部長などを招くので、やはり営業などは分からない。ここで必要なのは、技術からビジネスを生み、人を組織し、収益に結びつけられるノウハウを持った人材なのです。いわば、文系と理系を融合することなくして科学を豊かさに結びつけることは、至難の業と言えるでしょう。

図表9-7　研究参加者の分野の多様性と成果の革新度

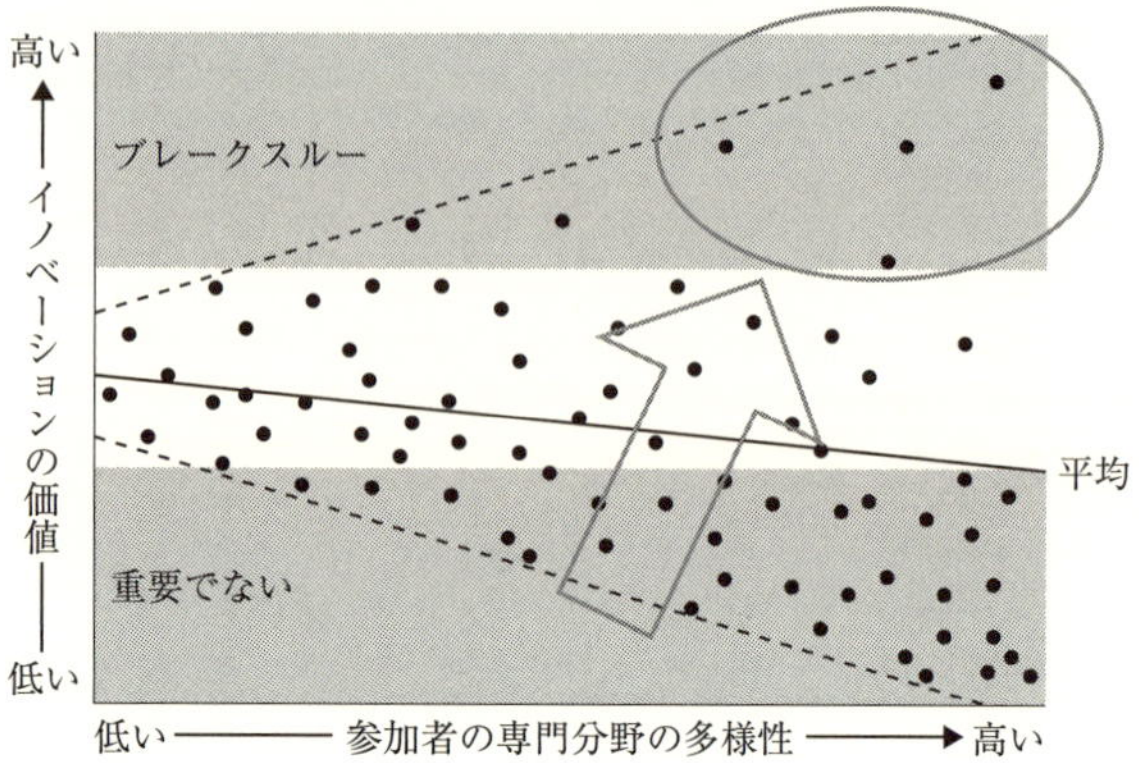

出所：*Harvard Business Review*, vol. 82, Issue 9, Sep. 2004.

さらに、第2話で紹介されたように、近年ではライフサイエンスの分野など技術革新と、倫理など社会的な問題とが不可分に関係しているため、複数分野の専門家による対話がなければ解決できない問題もしばしば生じています。

もう一つ、興味深いデータを紹介しましょう。図表9-7は、共同研究における参加者の多様性と成果の革新性との関係を示したものです。グラフの左側は類似分野の研究者からなるチームで、一定水準の成果を確実に出しやすいと言えます。それが右側へ行くほど異分野の人々が多く参加することになり、失敗が増え平均値も下がります。研究の予算と期間が厳しく設定され、必ず成果を出さなければならないとなると、躊躇するのもうなずけます。しかし、右上の分布を見ても分かるように、画期的な成果はこうした研究チームからこそ生まれているのです。

たしかに、専門分野が異なれば研究文化が違う、交流の機会がない、共通の方法論がない、など多くの問題があることも事実です。しかし、こうした壁を乗り越えていくことが重要ではないかと思います。この解決方法の一つは、研究を支援する研究マネジメント専門家（URA: University Research Administrator）を活用することです。これについても、後ほど京都大学の事例が紹介されます。

そもそも文系・理系というのは、一九一八年に「第二次高等学校令（大正七年勅令第三八九号）」の第八条で「高等学校高等科を分ちて文科及理科とす」と定められたのが起源で、その後、大学入試でも高校教育でも理系と文系が分けられました。今日の私たちは、文系・理系がさも異質な存在のように刷り込まれていますが、本来的には境界などないのではないでしょうか。

そして、分野の壁を乗り越え、失敗を恐れずに挑戦する若者を育てるには、何よりも「挑戦すること」や「革新を起こすこと」を素晴らしいと評価する社会の姿勢、いわばそうした「文化的インフラ」を整えることが重要なのではないかという気がしています。

3　京都大学の取り組み（吉川　潔）

ここまで、日本の大学が抱える課題が制度的側面から思想面まで幅広く挙げられました。そこで後半では、これからの若手研究人材の育成について、京都大学の具体的な取り組み事例を三つ、ご紹介したいと思います。

図表9-8　大学院重点化に伴う研究室の人員構成の変化

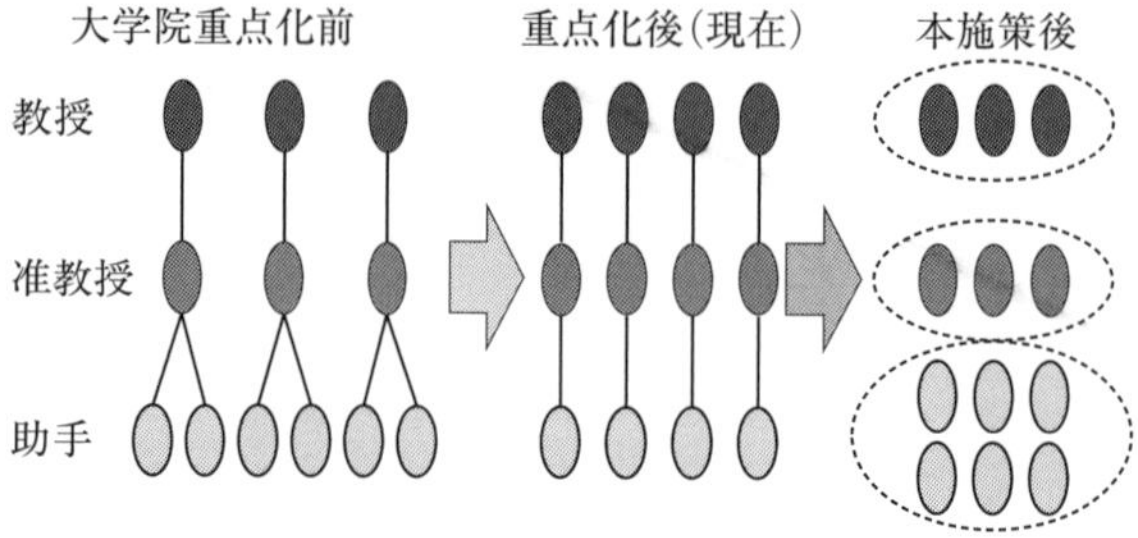

◆ジョン万プロジェクト

先ほど、論文の国際共著比率を高めなければ学術研究の国際競争力を高められないという話がありました。京都大学は、国内ではトップクラスなのですが、国際的に見ると、まだまだです。京都大学所属者の発表した英語論文のうち、他国の研究者との共同論文は三一％程度です。国際共著論文が少ないと論文一編当たりの引用数も少なくなるというデータが出ており、これが優秀な人材の獲得競争に直結するため、各国の主要大学もこの点に力を入れています。

では、どうすればよいのでしょうか。国際共著論文は、言うまでもなく他国の研究者と共同研究をした成果ですから、若い研究者を留学させて、世界各国の研究者と切磋琢磨し、そこで培われた人脈や、その結果として生まれた研究成果が、やがて国際共著論文となります。つまり、若手研究者をどんどん海外に送り出さなければなりません。

しかし、こうしたことは以前から指摘されてきたことですが、なかなかうまく進みません。これには、現在の研究室の構成が関係しています（図表9-8）。大学院の重点化に伴い、たとえば工学部では教授一人、准教授一人、助手二人だったのを教授一、准教授一、助手一として、そのぶん講座数を増やしました。これによって教授と准教授のポストは増えましたが、一研究室当たりの助手の数が減りました。この助手こそ留学させたい若手研究者なのですが、助手がいなくなると研究室を運営できなくなるため、留学させることができません。これではいけないということで、講座当たりの助手数を戻して若手研究者のポジションを増員する、という考え方も出てきています。

しかし、それのみでは単に元に戻しただけで、留学の積極化にはつながりません。そこで二〇一二年から立ち上げたのが「ジョン万プロジェクト」です。ジョン万次郎の名をとって、若者を積極的に海外に送り出そうというプロジェクトなのですが、通常の渡航費、滞在費、研究費、留学費用などを留学者に支給するだけでなく、同時にその留学者が所属する研究室にも毎月三〇万円を支給して、人材の補充を支援するという仕組みを作ったのです。当然、それだけ費用がかかるのですが、ここまでして初めて、各研究室も安心して若手を海外に送り出すことができ、実効性のある海外留学プログラムになるのです。

また、翌二〇一三年からは「スーパージョン万プロジェクト」を開始し、常勤研究者に加え、特定有期雇用教員や特定研究員に支援対象を拡大しました。支援対象年齢についても、五〇歳未満まで拡大しましたし、新たに「チーム型」として大学院生・学部生を含む渡航も可能にしました。さらに、教員だけでなく大学職員まで対象を拡大しつつあります。

このプログラムによって、現在も五〇名を超す方が留学しており、研究者派遣元も三〇件を超

図表9-9　ノーベル賞受賞者が受賞対象となった業績をあげた年齢

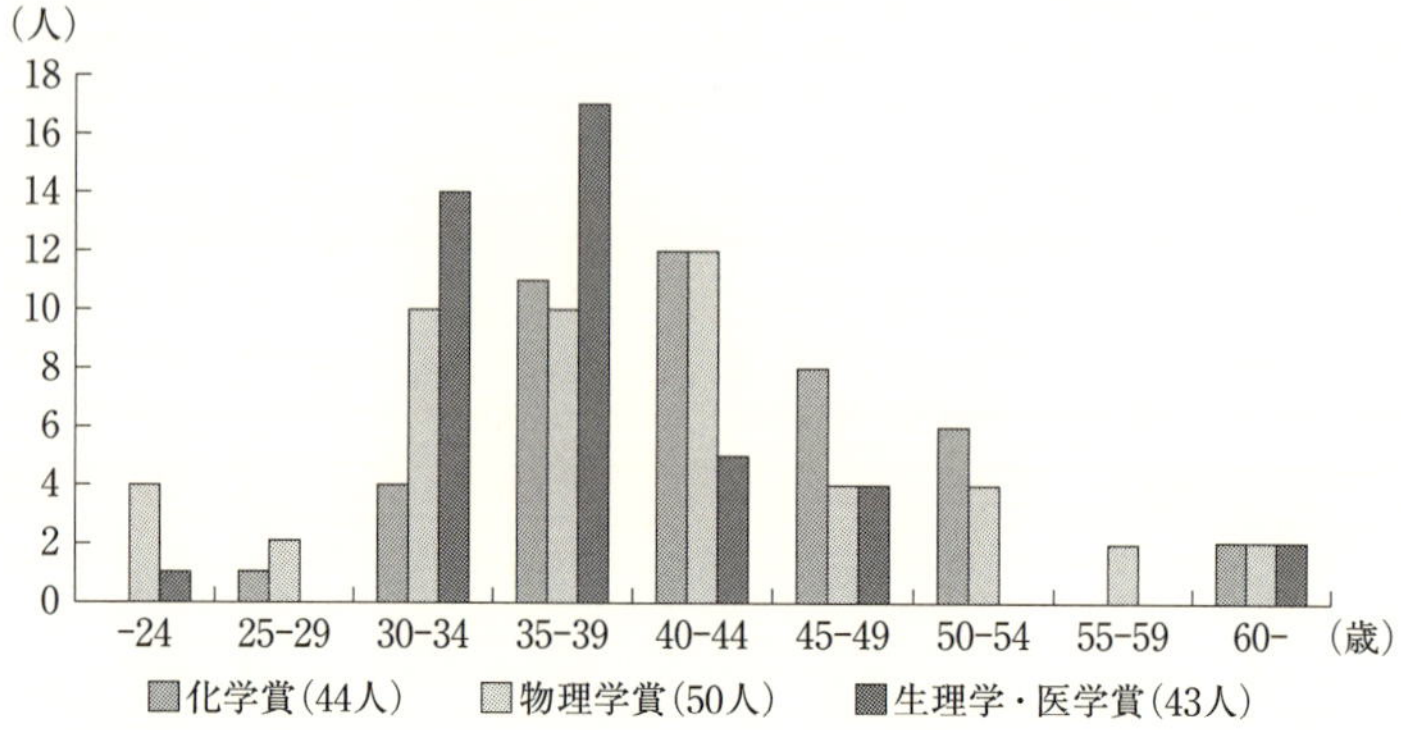

注：業績をあげた年齢は、受賞のきっかけとなった論文等の発表時点である。その際に以下の手法を適用した。

①受賞のきっかけとなった論文等の発表年から生まれた年を単純に差し引く。

②複数の論文等が受賞の対象になっている場合は、最初の論文等が発表された年を使用。

③受賞の対象となった論文等の発表時点が特定できない場合は、その中間の年を発表時点と仮定。たとえば、1990年代の業績であれば、1995年。1990年代初めの業績は、1992年。1990年代後半の業績は、1998年。

出所：文部科学省調べ。

えました。これだけの費用を負担することは大変ですが、そこまでやらなければ国際競争力のある大学を作ることはできなくなっているのです。

◆白眉プロジェクト

次に、図表9-9を見てください。これは、ノーベル賞受賞者が、その受賞対象となった業績をあげた年齢の分布を示しています。分野によって多少は違いますが、三〇代から四〇代の半ばまでに偏っていることが見て取れます。つまり、この年代の優秀な研究者を雑務から解放し、研究に専念させることが非常に重要なのです。

ところが現実には、まさに雑務に追われているのが三〇代です。仕方なく、平日は研究室の雑用をこなし、自分の研究は土曜日にやるという状況です。そこで、京都大学で新しく立ち上げたのが「白眉プロジェクト」です。これは五年間、特定助教もしくは准教授として給与と研究費を保証するもので、雑用もさせない、業績評価もしない、しかも京大にいなくてもよい。ただひたすら、研究に専念してくださいというものです。そして極めつけに、唯一のオブリゲーションは、将来、人類が何か大きな存亡の危機に遭遇したときに、第一線に立って国際的なリーダーとして、その解決に奮迅してくださいという、それだけのプログラムなのです。

現在、このプロジェクトは国際的に知られるようになり、二〇一三年は応募者六四四名のうち外国人が二三六名を占めました。そのなかから採用されるのは二〇名です。審査は三段階あり、第一次は一四〇人の学内教員が二〇以上の専門委員会を組織して書類審査を行います。そこを通過した五〇名ほどを対象に面接を行うのが第二次審査で、産官学の有識者三〇人による「伯楽会議」が担当します。最後にプロジェクトの運営委員が採用者二〇名程度を決定します。採用者の比率を見ると、女性が二〇%以上、外国人も二〇%以上を占めています。

◆URA――支援の専門家を育てる

しかし、これだけでも、まだ十分ではありません。図表9-10の左側は大学研究者の年間平均研究時間を二〇〇二年と二〇〇八年で比較したものです。また、右側は論文発表など研究活動の盛んな大学トップ五%について、職務活動時間の内訳を見たものです。絶対的にも相対的にも、明らかに研究時間が減り、それ以外の業務に忙殺されているのです。これでは、せっかく留学し

図表 9-10　職務活動時間の割合変化

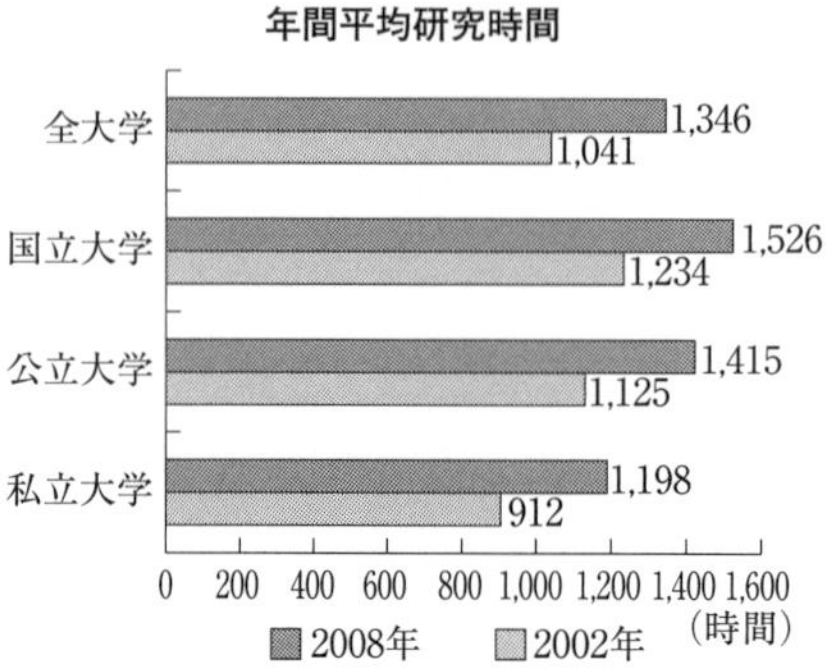

（%）

職務活動時間	第1グループ シェア5%～	
	2002年	2008年
研究	55.2	49.2
教育	16.6	17.8
社会サービス	10.6	13.8
研究関連	5.2	7.5
教育関連	2.9	3.6
その他	2.5	2.7
その他	17.6	19.1
合計	100.0	100.0

出所：科学技術・学術政策研究所「大学等におけるフルタイム換算データに関する調査」2011年12月。

て帰ってきても、研究に専念できるはずがありません。

そこで、文部科学省でURA（University Research Administrator）という制度が作られ、京都大学もこれに則って研究支援体制の整備を進めています。URAは高度な専門的知識を持って研究のマネジメント業務を担当する人々で、いわば教員と職員の中間的な職業です。URAの職務は、たとえば研究プロジェクトを企画したり、外部から研究資金を獲得するための申請書を作成したり、そして採択されればプロジェクトの運営から広報、報告書の作成まで、つまり研究活動全般を支援することです。

このような人たちに必要な素質は、国際舞台での交渉力、調整力、実現力。スキル面では、企画立案、法令・会計・経理管理、情報発信など。そして、人脈形成やプロジェクトマネジメント、研究あるいは研究支援の経験を積むことが求められます。京都大学では、こうした研究支援人材を養成するための研修プログラムを設け、大学はもとより経済界、省庁、国際機関から志望者を募っています。プログラム受講者には、修了認定書も授与しています。

こうして育成した専門人材を、京都大学では学術研究支援室本部に二四人、七部局に計二一人配置しており、このうち三〇人が博士号取得者です。しかし、京大全体で研究職が約三〇〇〇人もいることを考えると、その一割にあたる三〇〇人程度には増やしていきたいと考えています

最後に一言。こうした制度を作ることも大切ですが、肝心の若者に意欲がなければ意味がありません。『平成二六年版　子ども・若者白書』によると、内閣府が世界七カ国（日本、アメリカ、韓国、イギリス、ドイツ、フランス、スウェーデン）の若者の意識調査を行い、「自分の将来に明るい希望を持っているか」と尋ねたところ、「希望がある」「どちらかと言えば希望がある」と答えた人が日本は六一・六％にとどまり、七カ国中の最低で、他の六カ国（八二・四〜九一・一％）を大幅に下回ったそうです。また「四〇歳になったときに幸せになっている」と答えた人は日本が六六・二％でやはり最下位、他の六カ国は八一・六〜八七・四％でした。「自分自身に満足している」「自分には長所がある」と答えた割合も、日本は七カ国中の最低。自分に自信が持てず、将来についても悲観的な日本の若者像が浮き彫りとなりました。

研究に専念できる十分な時間を確保してあげること、異なる文化・分野との遭遇を後押しすることと同時に、輝かしい将来を構築できるのだという展望を若者に与えてあげることで、優れた若手人材を育成することもでき、また若手によるイノベーションの創出も期待できると思います。

第10話

「教える」という発明
——チンパンジーに学ぶ人間の「想像する力」

松沢哲郎
（京都大学霊長類研究所教授）

私は、アイという名前のチンパンジーを研究のパートナーとして、チンパンジーの心の研究をしてきました。彼女は一九七六年生まれですので、今年で三八歳です。皆さんは今、『なぜ科学が豊かさにつながらないのか？』という本に、どうしてチンパンジーが出てくるのか、と不思議に思われるでしょう。その疑問に答えるためには、まず私がどうしてチンパンジーの心の研究をするのかというお話をしなければなりません。

1　チンパンジーから人間を考える

◆アウトグループからの視点

私の研究の最終的な問題意識は「人間の心を知りたい」ということです。では、人間の心を明らかにするためには、どのような研究をすればよいでしょうか。

たとえば、日本という国のことを知りたければ、日本の歴史、地理、文化、社会制度などを調べるでしょう。しかし、それだけでは日本に対する理解は深まりません。あえて日本ではない、外国に目を向けて日本との異同を調べることで、日本がどのような特徴を持った国なのかが分かるようになります。このように観察したい対象を、それとは違うもの（これを「アウトグループ」と言います）と比較し、相対化して考えることで、対象をより深く理解することができるのです。

人間の心についても同じです。人間を観察したり、その歴史をたどったりするだけでなく、人間以外の者を調べて比較することによって、人間の心の特徴や本質が見えてくるのだと思います。

◆ヒト科は四属

ではなぜ比較の相手がチンパンジーなのでしょうか。人間は、生物学的に分類すると、「ヒト科ヒト属ヒト」です。このように書くと、私たちは人間が何か特別な生き物のように思い込んでしまうのですが、決して人間だけが「ヒト」なのではありません。

ヒト科には四属あります。すなわち、ヒト科ヒト属、ヒト科チンパンジー属、ヒト科ゴリラ属、ヒト科オランウータン属です。これは生物学上の分類ですが、のみならず動物愛護法や種の保存法といった日本の法令でも「ヒト科チンパンジー属」「ヒト科ゴリラ属」「ヒト科オランウータン属」と書かれていて、彼ら・彼女らは法律上も明確に「ヒト」なのです。長年このようなことを主張し続けてきたところ、近年では動物園でも檻の前の標識に「ヒト科チンパンジー属」と書かれているところが増えてきました。

また、チンパンジーを「サル」と言う人がいますが、決してサルではありません。サルは英語でモンキーと呼ばれ、しっぽがあります。チンパンジーにはしっぽがありません。ゴリラにも、オランウータンにも、人間にもありません。人間は、お乳で子どもを育てる哺乳類の一種であり、そのなかでサルと同じく樹上生活をする霊長類の一種であり、そのなかから地上に降りていったヒヒなどとも近い種であり、そのなかでオランウータン、ゴリラ、チンパンジー、ヒトが一塊となってヒト科と呼ばれています。

◆日本は霊長類研究のトップランナー

日本ではあまり知られていない事実ですが、北アメリカとヨーロッパにサルのたぐいは一切いません。アメリカザルやフランスザルなんて、聞いたことがありませんよね。サルの仲間は、中南米、アフリカ、インド、東南アジアなど赤道に近い暖かい地域に生息する生き物なのです。しかし、日本にはニホンザルがいます。ただし、北海道には生息しておらず、青森県の下北半島が生息地の北限になります。

このため、私たち日本人は雪の中でサルが温泉に浸かっているというのも見慣れた風景ですが、外国人はサルというと南国のイメージが強いため、とても驚きます。何しろ外国では、ジャパニーズモンキー（ニホンザル）というより、スノーモンキーと言ったほうが通じやすいくらいです。

すると、G8など先進諸国のなかでサルが生息しているのは日本だけなので、霊長類研究も日本が世界に先駆けて起こしましたし、現在も世界の第一線にあります。霊長類研究所だけをとっても、中南米、アフリカ、インド、東南アジアなどにたくさんの調査地を持っています。

そのなかで、私が調査しているのは、アフリカの西端、ギニアの首都コナクリから東へ一〇〇〇キロメートルほど行った山奥にあるボッソウという小さな村です。日本・ギニア両政府の支援を受けて現地に調査基地を作り、過去三八年にわたって京都大学の研究者が周囲の森に住むチンパンジーの研究を続けてきました。日本人だけでなく、アメリカ、フランス、ギニアの研究者や学生を受け入れています。

こうした野外調査の一方で、京大にある霊長類研究所では、チンパンジーを対象とした比較認知科学の実験研究用に大型ケージを設置しました。可能なかぎり、アフリカでの生活環境を再現して、チンパンジーの自然な暮らしのなかで、彼らの心の働きを研究しようとしています。

◆参与観察

かつて欧米で行われていた研究は、チンパンジーの赤ちゃんを母親から取り上げて、人間の子どもと一緒に育てて比較するものでした。チンパンジーと人間を同じ環境で育てて、同じように話しかけても、人間は言葉をしゃべるようになり、チンパンジーは言葉を覚えない。したがって、言語は人間の本性である。それを証明することが意図されていたわけです。しかし、母親から子どもを取り上げて人間の家庭で育てるというのは、倫理的にも好ましくないですし、チンパンジーの本性からかけ離れていますよね。しかも、フェアではない。人間の側には両親がいて人間の暮らしをし、チンパンジーには親がいなくて、無理やり人間の世界に適応するのですから。

そこで、二〇〇〇年にアイがアユムという息子を生んだときに始めた新しいプロジェクトでは、参与観察という、それまで欧米にはなかった方法で研究しました。簡単に言えば、チンパンジーの子どもをお母さんから引き離さない。母子に自然な暮らしをしてもらい、その日常のなかへ逆に研究者が参与する。幸い、アイ・プロジェクトが一九七八年の四月一五日に始まっていたので、研究者と母親（アイ）の間には、長い年月をかけて培ったきずながありました。そのおかげで、お母さんに研究助手になってもらって、子ども（アユム）の心の発達を調べるという画期的研究ができたのです。

図表 10-1　画面に出た数字を順に触るアユム

撮影：松沢哲郎

◆チンパンジーの優れた認知能力

こうした研究から明らかになったことを、一例だけご紹介しましょう。毎朝九時、アイとアユムの勉強時間が始まります。チンパンジーは、教えれば数字の一から九を比較的簡単に覚えます。アユムには四歳のときに教え始めて、四歳半で一から九までわかるようになりました。

図表10-1は、コンピュータ画面の○印を押すと、1から9の数字が毎回ランダムな場所に現れるので、それを1、2、3、4、5、6、7、8、9と順番に触わるという学習です。正解すると、ごほうびに八ミリ角のリンゴがぽろっと出てきて、それをとって食べます。どの場所に出てきても1から9の順番に触れられるということは、数字の順番をはっきり理解しているということです。そのうえで、今度はチンパンジーの子どもの記憶力を調べるために、同じ課題で、最初の1を触った瞬間に2から9までの数字が全部白い四角形に置き換わるプログラムを作りました。結果はどうだったでしょう。なんと、チンパンジーはすべて覚えています。2があったところ、3があったところ、4があっ

たところ……、順番に四角形を触っていきます。○印を触ってから1を触るまでの時間は○・五秒。その間に、2から9のある場所をすべて覚えてしまうのです。

こんなことができる人間はいません。この結果を私たちの研究チームが報告した後、世界のさまざまなチームが追試を行いましたが、どうやってもスピードと正確性で人間はチンパンジーに及びませんでした。世界で初めて、人間よりチンパンジーのほうがよくできる認知課題があるということが、明らかにされた瞬間でした。この学習結果は、後ほど人間との比較であらためて触れますので、覚えておいてください。

2　見習う学習と教える教育

◆真似ると学ぶ

皆さんは、「学ぶ」の語源が「真似る」だということをご存知だったでしょうか。「真似る」「まねぶ」「学ぶ」と変化したのだそうです。つまり、学ぶことの基礎には、真似るということがあるわけです。そして、先ほどのような優れた認知能力を持ったチンパンジーでも、真似るということはとても難しい。裏を返すと、真似るというのは優れて人間的な行為であり、人間とは「真似ることができる生き物だ」とも言えるのです。

ボッソウのチンパンジーは、台石と石のハンマーを使ってアブラヤシの種を割り、中身を食べるという習慣を持っています。ただし、四、五歳にならないとできません。真似るという行為は、とても難しいのです。

〇歳から三歳くらいまでの子どもたちは、石を踏んだり叩いたりしますが、うまくいきません。では、どうするかというと、近くにいる大人が種を割っている様子を見に行きます。そして「そこまで近づかなくてもいいじゃないか」というくらいの近距離で、じっとのぞき込みます。面白いのは、そこで大人は絶対に教えません。そして、子どもは自分の場所へ戻っていって、自分で何とか割ろうとするのです。

これがチンパンジー流の教えない教育、いわば「見習う学習」です。チンパンジーにも教育があり、学習があります。しかし、人間と比較して、チンパンジーの教育・学習には顕著な特徴が三つあります。まず、親や大人は手本を示すだけで、おしまいです。決して指導はしません。次に、子どもは放っておいても真似ます。真似なければならない理由はないのに、親や大人を真似ようという強い動機を持っています。そして、子どもが真似てくるかぎり、大人は非常に寛容で「あっちに行け」などということはしません。

◆人間は「教える」生き物である

このような研究から、チンパンジーをアウトグループとして人間の教育・学習の特徴が明らかになってきました。チンパンジーを参照基準にして人間を見つめることで、人間しかしない教育方法がたくさんあることに気づいたのです。

人間の場合には、子どもが何か学ぼうとするときに放置することはありません。大人は、「そっと手を添え」ます。チンパンジーの親は手を添えません。人間は「上手にできたわね（拍手）」などと「褒める」。チンパンジーは褒めません。「そうそう」と言って「うなずく」「ほほ笑む」「認める」「じっと見守る」。どれもチンパンジーはしません。これらの「教える」一歩手前の行動も、人間特有の行動です。人間はチンパンジーや他の種族にはない「教える」という行為を当然のように行います。この行為により、技術、知識を次世代に伝えることができ、進化を推進していると考えることができます。「教える」という行為は優れて人間的なのです。

3　助け合って育てる社会

◆「おばあさん」という発明

チンパンジーをアウトグループとした考察を、さらに社会の姿にまで広げてみましょう。すると気づくのが、「おばあさん」という存在です。実は、「おばあさん」は人間が進化の過程で発明したもので、チンパンジーはじめ他のヒト科の動物にはおばあさんがいないのです。

まず、オランウータンを考えます。ヒト科四属のすべてに共通するのは、赤ん坊がいつも母親と一緒にいるということです。そこへ、男性が近寄ってきたとしましょう。彼はおそらく、生物学上の父親ではありません。そして彼は、ただ「子どもも大きくなったし、そろそろ次の子どもを持とうよ」と女性に興味を示すだけで、この女性が赤ん坊を育てるにあたって父親らしい働きはまったくしません。つまり、オランウータンにお父さんはいません。もちろん、生物学上の父はどこかにいるのですが、父親としての務めを果たしてくれる「社会的な役割としてのお父さん」はいないのです。つまり、母親だけが子育てをする社会です。

次はゴリラ。ゴリラもお母さんがいて、子どもがいます。そしてゴリラの場合は、シルバーバックと呼ばれる「お父さん」がいます。よく見ると、子どもたちの年齢が似通っています。これは、お父さん一人にお母さんが複数いて、それぞれのところに子どもがいるからです。ゴリラ社会は一夫多妻の大家族です。

そして、最後にチンパンジーと詳しく比較してみましょう。チンパンジーも、やはりお母さんと子どもが一緒です。長年の研究から、チンパンジーの女性がどのような一生を送るか、その生活史が分かってきました。

図表10-2の右図は、アフリカの六カ所の拠点で四〇年近い研究を続けて集めた、五三四の出産例をグラフにしたものです。横軸が女性の年齢で、右軸が生存率、左軸が女性一人・一年当たりの出産率です。まず生存率（点線）はだんだんと下がっていって五〇歳あたりでほぼゼロになります。つまり、チンパンジーの寿命は、ほぼ五〇年です。

そして、実線は子どもを産む率です。一〇代前半のところから産み始め、二〇代でも三〇代でも四〇代でも産み、五〇代まで産んでいます。ポイントはここです。チンパンジーは寿命が尽きる五〇歳まで子どもを産み続けるのです。だから、お年寄りの女性も、社会的には「おばあさん」

図表 10-2　人間とチンパンジーの出産年齢比較

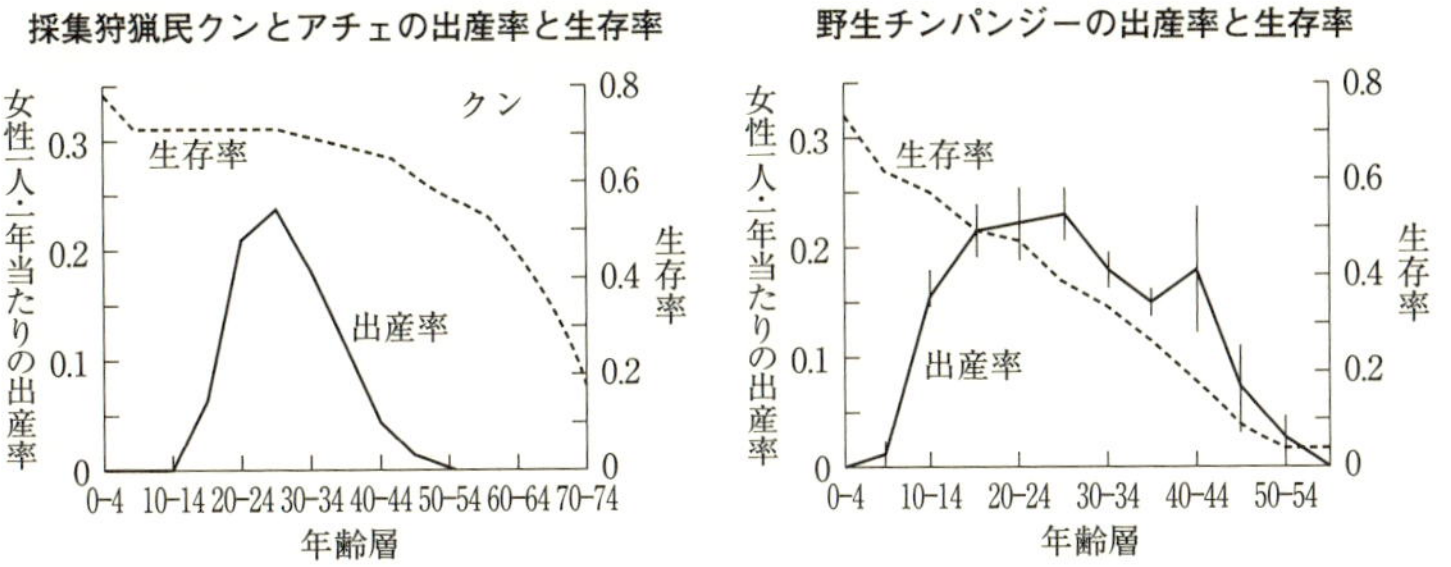

出所：Howell (1979) *Demography of the Dobe !Kung*, Academic Press より。

出所：Emery-Thompson et al. (2007) *Current Biology*, 17: 2150–2156 より。

ではなく「お母さん」として、子どもの面倒を見るのです。

次に、同じグラフを採集狩猟民のクン族で作ってみたのが図表10-2の左図です。生存率を見ると六〇代、七〇代まで生きる人が二割ぐらいいます。出産率を見ると、主に二〇代、三〇代で産んで、ごくまれに四〇代で産みますが、五〇代以降ではほぼ産みません。そして、産むことをやめて自分の子どもが産んだ子ども、すなわち孫の世話をすることになります。「おばあさん」の誕生です。「おばあさん」は出産をしません。それは「お母さん」の仕事です。「おばあさん」は育児・教育に特化した存在なのです。この存在により、「おばあさん」のいる集団は、より良い教育を受けることのできる集団となり、その集団にとっては利益があります。

なお、私たちの研究で、チンパンジーでもごくまれに「おばあさん」が現れうるということが分かっています。ある条件が整うと、「産まずに育てる」女性が役に立つ状況ができて、それがより優れた「教育」の社会に貢献してきたと考えています。

◆「教育」＝「共育」の発明

ここで、今お話しした子育ての話を、赤ちゃんの側から見直してみましょう。

オランウータンは、お母さんだけが子育てをする社会でした。したがって、赤ちゃんから見ると、お乳をくれる「お母さん」一人がいて、父親はいない世界です。

次に、ゴリラの赤ちゃんから見ると、お母さん一人とお父さん一人がいます。社会学的な視点では「一夫多妻」と呼ぶようですが、赤ちゃんから見れば、お母さんとお父さんが一人ずついる「核家族」です。

そして、チンパンジーの赤ちゃんから見ると、母親は一人ですが、実は一つの群れに複数の男性がいるので「お父さんズ」になります。男性の視点で説明すると、群れに外から若い女性がやってきて、みんなでセックスをし、子どもができた。誰の子どもかはわからないが、自分の子どもか、自分の父親が産ませた年下の弟妹か、自分の兄弟が産ませた甥姪か、となります。したがって、血のつながりがあるので、みんなで大事に育てます。これを赤ちゃんから見直すと、群れにいるすべての大人の男性が父親としての務めを果たしてくれる「お父さんズ」になるというわけです。

それでは、人間の赤ちゃんからは、どう見えるのか。人文社会科学系の視点からは、お父さんがいて、お母さんがいて、核家族化が進んで……となるようですが、霊長類学の最新の知見から言えば間違いであって、ヒト科四属を比べると、人間だけが「お母さんズ」なのです。「ズ」の正体は、もちろん「おばあさん」です。ただし、ここでの「おばあさん」は「自分は産まずに、育児を助ける」役割を担った存在ですので、必ずしもお母さんのお母さんである必要はありません。大きいお姉さんかもしれないし、保育士さんかもしれない。同じく、お父さんの側も「お父さんズ」となります。おじいさん、お兄さん、おじさんがいる。

したがって、人間は、「お母さんズ」と「お父さんズ」がいる「マルチプル・ペアレント」世界です。核家族というのは生物学的には根拠のない幻想で、この「マルチプル・ペアレント」世界ということが、霊長類学が最新の知見として訴えたい「人間社会の本質」なのです。

ヒト科四属は、どれも皆お母さんがいました。でも、お母さんだけでは育てられないので、パートナーができて、パートナーとの一夫一妻だけでは育てられないので、「おばあさん」という存在を生み出し、さらには血縁や地域のコミュニティによって支援する仕組みを備えた社会ができました。人間は手のかかる子どもたちを短期間で生んで、お父さんズとお母さんズから成る大人の男女が共同して子育てをします。共に育てる、つまり教育が「共育」として行われているのです。これは、人間の社会が生み出した優れた発明と言えます。

4　いつか、どこか、誰か——想像する力

◆想像する力

では、なぜ人間だけが、このような社会を作り上げたのでしょうか。

ちょっとしたテストをしてみました。紙にチンパンジーの似顔絵を描いておきます。ただし、目、

鼻、口はありません。そこに人間の子どもとチンパンジーが自由にお絵描きをすると、チンパンジーは輪郭線をなぞります。そうする必要はないのですが、とにかく線をなぞるのです。これは似顔絵でなくても、○でも□でも同じです。一方、人間の子どもは三歳二カ月を越えたあたりから、空白部分に目や鼻を書き入れます。「あれ、おめめがないよ」とか「お鼻がないよ」と言って。人間は、何もないところにものを描き入れるのです。チンパンジーはこれを決してしません。七人のチンパンジーでテストしましたが、全員が輪郭をなぞるだけでした。

なぜでしょうか。私は、チンパンジーは「今、そこ」に「ある」ものを見ている、と解釈しています。これに対して、人間は今、そこに「ない」ことを考えるのです。そう考えると、先ほど紹介した数字の記憶力が不思議ではなくなります。何しろ、数字はちゃんと目の前にありましたから。ごく短時間でも目の前にあるものを見る力はチンパンジーのほうが優れていて、人間は、「今、そこにないもの」や「何か欠けている」ものを想像する力のほうに優れていると考えられます。

◆利他性という名の想像力

もう一つ、想像力の例を挙げましょう。よく、人間は利己的な心だけでなく他者を思いやる利他性を持っていると言われます。私は、それこそまさに「想像する力」だと思います。

たとえば、困っている子どもに手を差し伸べるという行為を考えましょう。ニホンザルは決してしません。チンパンジーは助け合います。たとえば、危険な道を渡るとき、チンパンジーは「お父さんズ」が協力します。まず、先頭の男性が左を見て、右を見て、安全を確認してから道を渡ります。そして、渡りきったところで待っています。すると、大人の女性や子ども、さらに背中に赤ちゃんを乗せたお母さんが渡っていきます。男性は、仲間が渡っていくのを見守っています。そして最後に男性たちが渡ります。しんがりを務めているのです。

しかし、利他性というと、人間とは大きな違いがあるようです。実験をしてみると、相手が困っていても、進んでは手を差し伸べないことが分かったのです。たとえば、敷居を隔てて二人のチンパンジーがいるとします。一方のチンパンジーAはロープやトンカチ、ステッキやストローなどの道具を持っています。他方のチンパンジーBには道具がありません。BさんはAさんに向かって手を叩きます。「ちょうだい、ちょうだい」と身振りで執拗に要求するのですが、Aさんはなかなか渡しません。そして、しばらくしてからストローを渡しました。

実は、ストローがあると、Bさんは壁の小さな穴を通して向こう側のジュースが飲めるのです。つまり、AさんはBさんが何で困っているのかを知っているのですが、執拗に要求されないと渡しません。野生で生きているときにコラボするのだから、もっと利他性が発揮されるだろうと予想したのですが、実はとても利己的な生き物のようです。しかし、考えてみれば「今、ここ、私」を生きているのだから、当然のこととも言えます。

それに対して、人間は「今」だけではない過去や未来、「ここ」だけではない遠い場所、そして「私」だけではないあなたや彼、彼女のことを考えることができます。その想像する力こそが、教えるという優れた進化をもたらしたのではないでしょうか。

結論をお話ししましょう。

人間とは何か。それは、「想像する力」の時間的広がりと空間的広がりがきわめて大きな生き物だということです。チンパンジーには想像力がないというわけではありませんが、その範囲がとても狭いのです。したがって、チンパンジーは遠い過去を思い返したり、自分が死んだ後のことを心配したりはしません。絶望もしません。「今、ここ」にいる「自分」を生きているからです。しかし、人間は、過去を引きずり、はるか未来を思い描き、さらには地球の裏側で暮らす人々に心を寄せることができます。人間には、想像する力があるからです。だから、悲惨な経験をすると絶望してしまったり、反対に悲惨な現実に直面しても希望を持つことができたりもする。想像する力を働かせて、明るい未来を思い描くことができる。

そして、その想像する力こそが、真似る、学ぶ、教えるという人間を人間たらしめる行為の源にあって、私は、それが人間の本質なのだと思うようになりました。

第11話

文系・理系を考え直す
——大学に望まれる人文社会科学の高度化

矢野　誠
（京都大学経済研究所教授、附属先端政策分析研究センター長）

どうしたらうまく科学技術を豊かさにつなぐことができるのでしょうか。本書では、第一線で活躍されている自然科学者、社会科学者、政策担当者をお招きし、さまざまな視点から、この問題を検討してきました。

第Ⅰ部では、科学技術を豊かさにつなぐには、技術を振興するのと同時に有効利用することが重要であることをお話ししました。それに不可欠なのが市場の高質化です。

次に、第Ⅱ部では、ニーズからシーズに向けて技術開発が行われる社会の形成が重要であることをお話ししました。そのためには、株式市場を高質化し、ベンチャー市場を充実させる必要があります。株式市場の高質化やベンチャー市場の充実には、さまざまな意思決定が数量的なエビデンスに基づいて行われるエビデンス・ベース社会を形成しなくてはなりません。

市場高質化やエビデンス・ベースという考え方は、これまで、私たち日本人が慣れ親しんできた考え方ではありません。そのため、最終的には、一人一人の意識転換が不可欠です。

意識転換には、教育のあり方を変える必要があります。そこで、この第Ⅲ部では、科学技術を有効利用し、ニーズからシーズへ向けた研究開発を行うために、大学で、どのような教育を行えばよいかを考えてきました。

まず、現場で教育行政に携わっておられる板倉参事官、京都大学の理事として組織的な研究推進に携わってこられた吉川教授とともに、大学での研究のあり方を考えました。研究を通じて、世界を引っ張っていくには、若い人の育成が不可欠だというのは、吉川教授のおっしゃるとおりです。さらに、世界の霊長類学の第一人者である松沢教授からは、人を他の霊長類から分けるのは、「教える」ことと「想像力」であることを学びました。最後に、こうしたお話を受けて、社会科学者の立場から、科学技術を豊かさにつなぐために必要な大学教育と社会科学的な想像力のあり方について考えてみたいと思います。

1　互いを補完し合う理系と文系

これからの我が国の大学はさまざまな専門分野の間で連携を高めることが大切です。たとえば、法律と経済のように、文系、理系のそれぞれのなかの異分野での連携も大切です。同時に、理系と文系の枠組みを超えた専門分野連携も非常に大切です。

我が国の大学では、学生は自分の専攻分野以外の科目を受講するのは非常に難しい仕組みになっています。たとえば、経済学部生で、経済学以外の専門的な学問、とくに、理系の学問を勉強するにはいろいろな制約がかかります。これでは、ニーズからシーズに向けた技術開発を行うのも、科学技術の有効利用を考えるのも、難しくなってしまいます。

大学に理系・文系の別を作ったのは大正七年（一九一八年）の第二次高等学校令だそうです。それによって、「高等学校高等科を分ちて文科及理科とす」という規定が置かれました（当時の高等学校高等科というのは、今の大学で言うと教養レベルを指します）。専門と教養の分離が行われたのも同時期で、大正七年の大学令によっています。こうした制度で、大学が縦割り、横割りにされていては、異分野連携は進みません。

科学技術の有効利用に異分野間連携が必要なのは、異なる専門分野が共存することで強い相乗効果が発揮されるからです。複数の分野が、強く互いを補い合う補完関係を持つと言い換えてもよいでしょう。

異分野間の連携の重要性について、一般論をお話ししても、ピンとこないかもしれません。そこで、例として、製品のリスク管理における工学と社会科学の補完関係をご説明しましょう。

◆絶対に安全な包丁は作れない

いくら最先端の科学技術を使っても、そこから生み出される製品にはリスクがつきものです。そのリスクに対処するには、理系、文系の協力が必要です。たとえば、現代の技術では、絶対に手を切らない安全な包丁を作るのは不可能です。また、子どもが使っても事故につながらない睡眠薬というのもありません。そういう場合、作り手と使い手が分業して対処する方法を考えなくてはなりません。この問題の解決に大きな貢献をしているのが法と経済学という学問分野です。

一つの製品にも、さまざまなリスク要因が存在します。睡眠薬を考えれば、「飲みすぎる」「特定の体質を持つ人には副作用がある」「子どもが誤って飲む」などです。

多くのリスク要因は十分な費用をかければ、解消することができます。また、リスク要因ごとに、リスク解消のための費用も異なります。

使い手が「飲みすぎる」というリスクは、説明書をつけ、一日何回、一回何錠までといった

図表11-1　事故対策――想定内と想定外

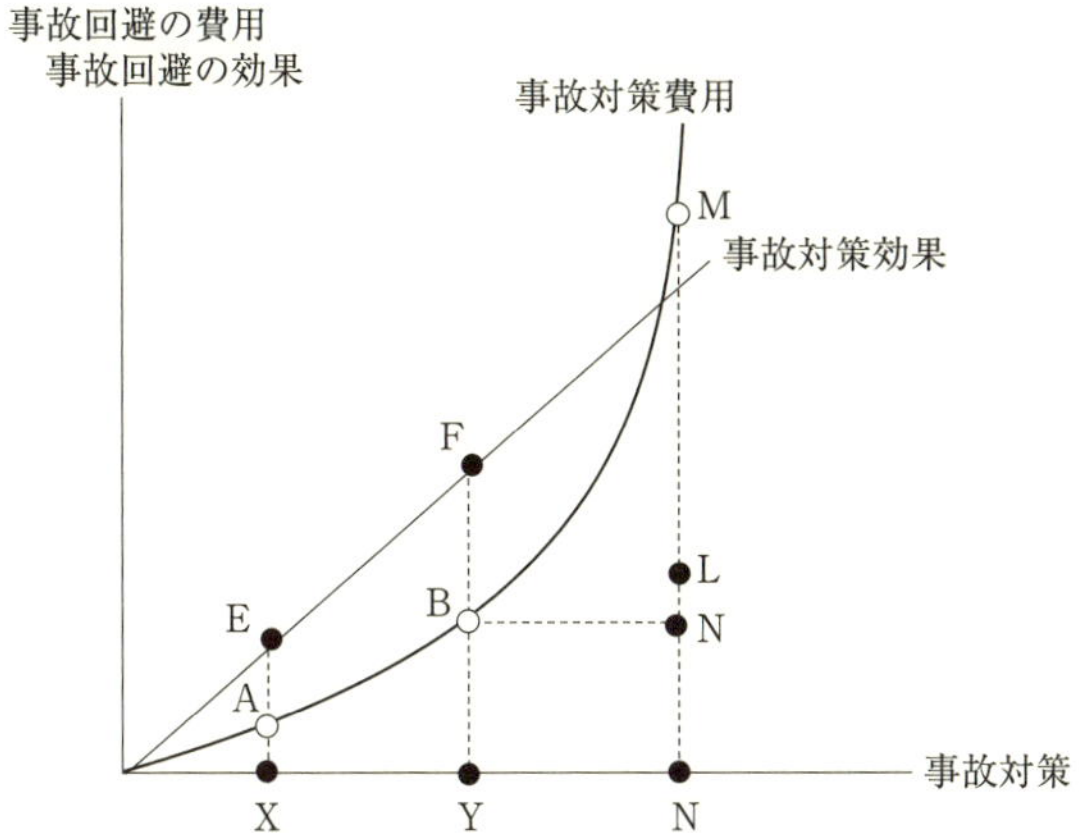

飲み方の説明をつければ、簡単に事故は防げます。「体質によっては、副作用が起きる」としても、薬を実用化する前に十分な調査をして、薬が合わない人には処方しないようにすれば、安全性は保てます。安全性の高い薬は薬局で簡単に買え、危険を伴う場合には医師の処方箋がなければ買えないことになっているのも、そのためです。「子どもが誤って飲む」リスクにしても、今では、子どもにはとても開けにくい薬瓶が開発されています。

◆事故対策の経済学

製品にリスクがつきものだとしたら、どのように、事故に対処すればよいのでしょうか。この問題は経済学によってすぐに解決できます。次に、それをご説明しましょう。

図表11-1をご覧ください。図の横軸には、費用の低いものから順番に事故対策を行っていった場合の事故対策の範囲が示されています。話を簡

単にするために、

（X）「薬の飲み方の説明書をつける」

（Y）「子どもでは開けられない瓶を作る」

という二つの対策があるとしましょう。その場合、横軸には、XとYの二つの点が考えられます。点XはXという対策を実行し、残りは行わなかった場合を示します。さらに、点YはXとYの両方の対策を実行した場合を示すというわけです。図では、Yを実行するための費用のほうが、Xを実行するための費用よりも高いことを示しています。現実には、無数の対策が存在するかもしれません。その場合にも、横軸上のそれぞれの点は、それより左側に位置する対策は実行され、右側に位置する対策は実行されていない状態を示すと考えることにします。

次に、図の縦軸には、横軸のそれぞれの点が示す範囲の対策をとるために必要な費用を示すことにします。そうすると、実行される対策とそれに必要な費用の関係を図のような曲線（事故対策費用曲線）で示すことができます。たとえば、XとYの二つの対策しかない場合には、Xの対策だけをとった場合の費用が点Xと点Aの距離で示されます。また、両方の対策をとった場合の費用が点Bと点Yの距離で示されます。

実際に、どの範囲の対策を行えばよいかを決定するには、事故対策にどれだけのニーズがあるかも考えてみる必要があります。より多くの事故対策が講じられている製品ほど、買い手のニーズが高まるのは当然です。そのニーズを金額で評価できると仮定して、事故対策の効果額と考えることにします。図では、点Eと点Xの距離で対策Xの効果を示し、点Fと点Yの距離で対策Xと対策Yの双方がとられた場合の効果を示しています。

作り手が行う事故対策の範囲は費用対効果で決定されます。つまり、効果と費用の差額が最大になるように事故対策の範囲を決定するということです。図の状況では、Xだけを採用する場合よりも、XとYを採用するほうが、効果と費用の差額が大きく、両方の対策を行うことが望ましいということになります。

ここまでは、XとYという二つの事故の原因を考えました。しかし、それ以外にも、原因となる要素はたくさんあります。好奇心の強い子どもなら、いろいろと工夫して瓶を開けてしまうかもしれません。また、薬を利用した大人がうっかり瓶のふたを閉め忘れることもあるかもしれません。たまたま、そういう場面に出会った子どもが薬を飲んで事故につながるということもあるかもしれません。そこで、次のような事故を考えてみましょう。

(N) 薬を使った人がうっかり瓶のふたを閉め忘れても子どもが飲まないような瓶を作る

使い手のうっかりから発生する事故を作り手の側で防ぐのは至難の業です。非常に大きな費用がかかるからです。そこで、X、Y、Nの対策をすべて行った場合の費用を点Nと点Mの距離で示しましょう。この場合、作り手には費用対効果を考慮して、XとYには対策を施してもらい、

Nには対策を施さないというのが経済学的に望ましい事故対策です。

◆工学的素養――想定内のことに対処する

作り手に望まれるのは、費用対効果に見合うような事故の原因だけを想定内に置いて、それに対する対策を完璧に行ってもらうことです。使い手がうっかり薬瓶のふたを閉め忘れたときには、警報装置が働くといった瓶を開発すれば、子どもが誤飲する事故もある程度まで防ぐことができるでしょう。しかし、それでは、薬の値段が高くなりすぎて、誰にも買えなくなってしまいます。作り手には、そういう可能性を想定外として無視してもらい、費用対効果を基準として想定内のことだけ対処してもらうのが望ましいわけです。

◆社会科学的素養――想定外を想定して対処する

使い手がうっかりして起きる事故まで作り手の側で対処するのは、費用が高すぎると言いました。他方で、そういう事故について、使い手の側で十分な注意を払うのは大きな手間ではありません。たとえば、使い手の側で、点Lと点Nの距離に相当する費用を払えば、瓶のふたを閉め忘れるために起きる事故が回避できるとします。その場合、使い手はその費用を払って事故を回避すべきだというのが経済学の教えるところです。

同様の考え方は法学にも反映されています。使い手がうっかりふたを閉め忘れ、子どもの手の届くところに薬瓶を置いて、それを子どもが飲んでしまう。そういうことから起きる事故まで作り手に責任をとらせていたら、睡眠薬を作る人はいなくなってしまいます。そのため、図表11－1にあるような状況で、使い手のうっかりから起きる事故の法律的責任を作り手が問われる可能性は低いと見なせます。

作り手が想定外とした事故の原因に対処し、製品を安全に利用する。つまり、想定外を想定内に置き換える。それが、使い手の責任であるというのが社会科学の教える重要な素養の一つです。

2　科学技術の適切な利用――社会科学者の責任

前節でお話しした「想定外」という言葉を聞いて、すぐに、東日本大震災による原発事故を思い出される方も少なくないと思います。原発事故の直後には、津波や事故が想定外だったという説明や報道を非常に多く見聞きしました。

それを聞いて最初に感じたのは、原発事故の原因を作ったのは、津波でもなく、原発を建設し、運営してきた工学者（工学系人材）でもないということです。モノづくりの際には、対応する費用が高すぎるような事故の原因は想定外に置くべきだというのは経済学が教えるところです。その意味では、原発建設時に地震や津波を想定外とした工学者は責められません。

原発事故の責任は少なくとも九割がたは文系にあると感じます。技術の優れた作り手を育てるのが理系であり、優れた使い手を育てるのが文系の仕事です。また、前節でお話ししたように、作り手が想定外に置いた原因で発生するかもしれない事故に対応するのは、使い手の責任です。そうだとしたら、事故の本当の責任は文系に帰されるとしか考えられません。

◆社会科学的素養と事故対策

想定外を想定内に置き換えるという、家庭ではできている事故対策が、なぜ、社会全体ではできなかったのでしょうか。それは、社会科学が社会に浸透しておらず、大きな危険を伴う重要な科学技術を有効に利用できる社会が形成できていなかったからです。そういう社会を作れなかったのは、文系全体の責任であり、とりわけ社会科学者に重い責任があると思います。私が、「科学技術と社会科学」をテーマとして研究や教育を行おうと考えたのも、そのような原発事故の反省からきています。本書の企画も同じ反省に基づいています。

作り手が想定外に置く事故の原因を使い手は想定して、製品を利用しなくてはなりません。これは社会科学的な素養のなかでも、最も重要なものの一つです。第10話で、松沢教授は人間を他の霊長類から分けるのは、学ぶ力と想像する力だと述べておられます。

想像力をより具体化して、想定力を学んでもらうのが社会科学だと考えます。私が考える想定力というのは、漠然とまだ見ぬ世界を想像するのではなく、費用対効果を考えて、将来直面するかもしれないリスクにどう対応すべきかを考える力のことです。

◆事故対策の法と経済学

想定力は、法学を通じて過去の判例を正しく学ぶことができれば、自然と身につくものです。多くの判例は、人々が想定外とした、とんでもない状況が発生した際に、社会がどのように対応したかを説明するものです。

すでに見たように、モノづくりに際しては、費用対効果を考えて、想定外を設定すべきというのが経済学の教えです。同時に、経済学では、将来、起こりうるあらゆる状況を先回りして想定し、その対策を練っておく必要性も教えます。

想定外を設定せよという教えと、あらゆる状況を想定せよという教えは矛盾するようにも見えます。しかし、分業という経済原理を考えると、両者が矛盾しないこともすぐに分かります。どんな経済活動も、費用対効果が最も高い人に任せるべきだというのが「法と経済学」という法学と経済学の両方の考え方を合わせた学問の教えだからです。

アメリカの法学では、事故回避費用を基準に、誰が事故回避の責任を負うかを決定しようという考え方が確立しています。ゴルフ場でゴルファーが打ったボールが近所の家に飛び込んで、高価な花瓶を割るといった事故が起きる可能性が考えられます。ゴルフ場の周囲に高い塀を作るか、ボールが届かない場所に花瓶を置くか、どちらかの対策がされていれば、事故は回避できます。そういう場合、どちらに事故対策の責任があるのでしょうか。

二〇世紀中ごろに、アメリカの連邦高裁判事として活躍したラーニッド・ハンドは事故回避の責任は回避費用の低い側に帰されるという判例を作り、今でも、アメリカではそれが基本的な法律となっています。ゴルフ場の周りを高い塀で囲うには、とても大きな費用がかかります。他方、ゴルフボールが当たらない場所に花瓶を置くことは簡単です。対策を講じるべきなのは潜在的な被害者のほうで、ボールが花瓶を割っても、加害者であるゴルフ場やゴルファーには責任がないということになります。

経済学では、適切な経済活動が行われるように、適切なルールを設計することを、メカニズム・デザインと呼びます。大きな危険を伴う重要な科学技術を適切に利用するための制度設計は、社会科学を学んだ者の責任です。とんでもない状況でも想定内に置くことができるようになる社会が形成できれば、原発事故も防げたはずです。そうならなかったのは、社会科学を教えたり、学んだりした側に原因があったのでしょう。原発事故は、社会科学がうまく機能しないと、非常に大きな損失が生まれる可能性があることを示しています。

3　文系・理系の垣根のない総合大学教育の確立

我が国が科学技術を振興し、豊かさを築いていくためには、社会科学、もっと広く言うと、文系の底上げが必要不可欠です。本書の編集で協力していただいている中澤教授との共同研究によると、大学の総合的な国際ランキングの決定には、社会科学系のランキングが最も重要な貢献をしているという結果が出ています。社会科学系のランキングはそれぞれの大学の基礎力を決定しており、医学や工学のような学問分野のランキングは基礎力に対する追加的評価を反映しています。しかし、残念ながら、我が国には社会科学系の評価に立脚する基礎力を持った大学はありません。

中澤教授との共同研究でも利用したトムソン・ロイター社の大学ランキング調査（二〇一四年度調査）では、香港から二つ、シンガポールと中国からそれぞれ一つの大学が社会科学系の世界ランキング五〇位以内に入っています。しかし、我が国には社会科学系で五〇位以内に入る大学がなく、東京大学がかろうじて一〇〇位以内に入るにすぎません。韓国と台湾も、一校ずつですが、東大より上位に入る大学を有し、香港では三つの大学、シンガポールと中国は二つの大学が一〇〇位以内に入っています。人文系では、この傾向はもっと強まります。香港では二つ、シンガポールでも一つの大学が一〇〇位以内にランクされています。しかし、日本の大学は一〇〇位にも入りません。

こうした事実を考えると、我が国は文系の大学教育を強化しなくてはならないことが分かります。それにもかかわらず、最近になって、国立大学は理系に特化して技術開発に専念すればよく、文系は不要だという意見を耳にすることが多くなりました。そのような文系不要論は我が国の大学をさらに低迷させるものだということを中澤教授との共同研究は示唆しています。

◆異なる専門分野をつなぐインターフェースの構築

これからの日本が科学技術をうまく豊かさにつないでいくためには、大学の側でも、理系と文系の間の高い垣根を取り壊す努力に傾注しなくてはなりません。大学にいると、文理融合や学際研究といった言葉を非常によく耳にします。しかし、それでは、研究や教育の対象が曖昧になってしまい、高度な専門能力を身につけることはできません。それぞれの分野で、基本的な考え方も違うし、専門家として立つために必要な道具立ても異なるからです。それぞれの分野で高い専門性を維持し、同時に、異分野間の連携を深める。今の大学に求められるのはそういう努力です。

異なる専門分野の連携を促進するためには、専門分野をつなぐインターフェースを構築しなくてはなりません。もともとインターフェースというのは異なるものをつなぐ部品という意味で、コンピュータ技術の発達とともに普及した言葉です。たとえば、パソコンで作った文書をプリンターで印刷する場合には、ドライバーと呼ばれるソフトウェアがインターフェースとして必要です。パソコンとプリンターはまったく違う機能を持ちますので、それぞれ優れた専門家でなくては、良いものは作れません。しかし、良いインターフェースがなければ、どちらも十全の機能を果たせません。今、我が国の大学に求められるのは、そのようなインターフェースを経済学と工学、法学と社会学、医学と経済学といったそれぞれの専門分野間で確立することです。

では、大学で異分野をつなぐインターフェースを作るためには、どのようなことをしたらよいのでしょうか。京都大学では、異分野の研究者が集まって作る研究・教育ユニットという制度が設けられており、さまざまな分野の専門家が連携できるインターフェースが形成されています。

たとえば、グローバル生存学大学院連携ユニットには、工学、防災学、経済学、社会学の研究者が集まり、地球環境、資源エネルギー、大規模災害リスクなどの問題に関し、分野を横断し、理系と文系の知見を合わせて研究に取り組んでいます。また、統合複雑系科学国際研究ユニットには、複雑で多様な要素がネットワークを構成することによって創発される時間・空間秩序の解析やモデル化、あるいは自然・物理現象、環境、社会システムの自己組織化、意識、人間行動の創発現象などに関して、さまざまな分野の研究者が結集して研究活動が行われています。

さまざまな分野の専門家が結集できるインターフェースの構築は理系・文系の垣根を壊すためには不可欠です。京都大学のユニットという試みは、そうした視点に立つ異分野間の連携を推進するためのものです。現在、三〇近いユニットが研究・教育活動を展開していますが、今後、さらに充実することが望まれます。

また、京都大学では、理系・文系の二二の研究所・研究センターが協力して、共同研究活動を続けています。毎年、テーマを定め一般向けシンポジウムを主催し、理系・文系双方の視点から研究成果を社会に発信してきました。一般向けと言っても、異分野の研究の話はそれぞれの研究者にとっても新鮮で、とても良い異分野インターフェースとなっています。我田引水のようになってしまいますが、本書の企画もそうした協力を通じて可能になりました。こうした機会を地道に増やしていくことでしか、たくさんの異分野間インターフェースは形成できないと思います。

おわりに

アントレプレナーはどうすれば生まれるのか？

出井文男
（神戸大学大学院経営学研究科教授）

さて、そろそろ終わりのページが近づいてきました。本書は、「なぜ科学が豊かさにつながらないのか?」と問いかけ、「市場」「制度」「教育」を切り口として、科学技術を社会の豊かさにつなげるための「仕組みづくり」と「人づくり」について議論してきました。

そこで最後に、本書を通じて考えてきたことを土台として新たな問いを投げかけ、皆さんへの「宿題」にしたいと思います。

◆ビジネスの視点から考える

私は経営学部で研究していますが、経営学でも現実のビジネスにおいても、イノベーションは最も関心の高いテーマの一つです。「社会に役立つイノベーションは、どのように起こるのか」「次々に技術革新が生まれる社会と、そうでない社会は何が違うのか」「イノベーションを社会に役立てるアントレプレナーは、どうすれば生まれるのか」など、多様な問題をめぐって百家争鳴、世界中でさまざまなアイデアが提出され、数多くの取り組みが行われています。ただし、「これ」といった答えは、いまだに見つかっていません。

この世界的な難問に重要な手がかりを与えてくれるのが、本書で提案されている「市場の質」という考え方です。ここでは、皆さんがよく知る起業家を取り上げ、ビジネスの世界で彼は「なぜイノベーションを起こすことができたのか」「そのイノベーションによって、なぜ社会を変えることができたのか」を探ってみたいと思います。

◆ビジネスの三要素

経営学では、「人」「物」「金」をビジネスの三要素と考えます。確かに、これらがなければ、事業の成功は望めません。そして、ビジネスの世界では、人も物も金も市場を通じて取引されますから、市場がうまく機能していなければ、事業に必要な要素を手に入れられません。当たり前のようですが、このことは非常に重要です。本書の言葉で言うならば、「市場の質」がビジネスの成否を左右するのです。

そのことを確認するために、マイクロソフト社の創始者、ビル・ゲイツ氏に登場してもらいます。ビル・ゲイツ氏は、一九六八年に中学校でタイムシェアリング方式のコンピュータに出会います。この中学校は、アメリカのなかでも非常に早い時期にコンピュータを導入した学校だったそうです。そして、ゲイツ氏は早くも一九七五年にマイクロソフト社を創業し、一九八六年には株式上場を果たしました。

では、なぜゲイツ氏は新たな技術を開発することができたのか。なぜ、その技術を使って事業を起こし、成功することができたのか。第二、第三、第四のビル・ゲイツを生み出すにはどうすればよいのか……。その秘密は、市場にあります。

◆高質な市場の条件

ゲイツ氏の成功の要因を考えてみると、まず気づくのは「金」です。アメリカでは、新たな技術のシーズを評価し、リスクをとって投資してくれるエンジェル投資家などが多数いて、資本市場が成熟しているため、ゲイツ氏は必要なときに、必要な額の資金を市場から調達できたのです。

もう一つの要因は、「人」です。アメリカの労働市場は流動性が高いため、必要なときに、必要な人材を雇うことができました。もしも労働市場の流動性が低かったら――たとえば、大企業が若者を大卒時に一括採用し、そこで採用されなかった若者を中小企業が採用し、労働者はその企業で定年まで働くのが一般的な社会だったら、ゲイツ氏は必要な人材を雇うことができず、事業を拡大することもできなかったでしょう。

また、制度的な側面も重要です。一九八〇年、アメリカで「コンピュータソフトウェア著作権法」という法律が制定されます。この法律は、従来の著作権のように目に見え形を持つ物だけでなく、ソフトウェアにも著作権を認めるというものです。この「ソフトウェア著作権法」がなければ第三者がマイクロソフト社の技術を勝手に真似て海賊版を出すこともできてしまうため、ゲイツ氏のビジネスもうまくいかなかったはずです。技術発明者・開発者の権利を守る法制度が整っていることも、公正な競争を保証し、健全なビジネスを育てるための大事な要素なのです。

◆問題は「市場の質」である

もちろん、それらの大前提として、市場が開放的で参入・退出をしやすいこと、また市場参加者が自由に競争できることが不可欠です。反対に、自由で競争的な市場がなければ、ゲイツ氏がどれほど優れたアイデアや技術を持っていたとしても、ビジネスで成功を収めることはできなかったでしょう。彼が、優れたアイデアと技術をもとに事業を起こし、社会に新たな価値や新たな生活スタイルを提供できたのは、質の高い市場があったからなのです。

本書が繰り返し発信しているメッセージの一つは、「日本の科学力・技術力は決して劣っていない」というものでした。それにもかかわらず、経済が停滞し、人々の暮らしが苦しくなっているのは、日本の優れた科学技術をうまく暮らしに役立てていないから、逆に言えば、暮らしを豊かにするような技術の開発へと、日本の優れた科学力を上手に方向づけられていないからです。

そして、最も重要なメッセージは、それら科学と暮らしをつなぐパイプの役割をしているのが市場なのだから、パイプの質を高めないかぎり、一方で巨額の資金を科学振興に費やしても、他方で人々にお金をばらまいても、決して社会が豊かになることはないということです。

◆起業家が確信を持てる社会

もう一つ、重要なことがあります。それは、第二、第三のビル・ゲイツを生み出すのもまた、高質な市場だということです。高質な市場では、必要な資金を容易に調達でき、適切な人材を雇うことができます。市場へ容易に参入でき、自由に競争できます。

そして、高質な市場が存在すると、未来のビル・ゲイツたちは、自身のイノベーションがビジネスの成功につながるということを確信できます。そのような社会においてこそ、ビル・ゲイツは生まれたと考えることもできます。

ある調査によると、日本の大学生にお金儲けの方法を尋ねたところ、多くが「何か悪いこと（ズル）をする」と答えたそうです。若者たちの多くが、「日本で真っ正直にルールを守って競争したら、損をしてしまう」「テレビに出てくる成功者たちは、きっと裏でズルをしているのだ」と思っているわけです。このような社会に、ビル・ゲイツは決して現れません。新しいビジネスも生まれません。起業家が確信を持てる社会を作ることが、人々の想像力と意欲をかき立て、新たな挑戦者を生み出すのです。だからこそ、ルールを守って競争する者にこそ成功のチャンスが与えられる市場、いわば「ズルができない市場」を作ることが大切になります。

◆技術と豊かさの基本命題

このことを、私は「技術と豊かさに関する基本命題」と呼びたい。すなわち、「技術革新や新たな事業によって経済が豊かになるためには、悪いことをして儲けることができないような、健全な市場が担保されなければならない」ということです。

これは、企業経営を考えるとよく分かります。一般に、自由で競争的な市場では、長期的には企業の利潤は必ず低下すると考えられています。企業間の競争によって、商品やサービスの価格が、利潤ゼロの水準まで下がっていくからです。

しかし、そのままでは企業は停滞してしまうため、何らかの方法で利潤を拡大しなければならないのですが、それには三つの方法があります。第一に、悪いことをして儲ける、たとえば、何らかの方法で市場を歪め、競争を排除することによって高い価格で商品を販売することなどです。第二に、技術革新を行うことです。第三は、新たな事業を起こすことです。

ここで、第一の方法、たとえば競争を阻害して自社だけが儲けるような手段を封じることができれば、企業は技術革新を行うか、新たな事業を起こす以外に方法がなくなり、自ずと人々のインセンティブも、そちらに向かいます。そして、活発な技術革新と新規事業を通じて、社会が豊かになると考えられるのです。

◆目の前の市場を考える

では最後に、本書を読み終えた皆さんへ、新たな質問を投げかけたいと思います。

「今、あなたが向き合っている市場の質を高めるには、何をすればよいでしょうか?」

「向き合っている市場」とは、あなたが職業としてかかわっている市場でも結構ですし、消費者として関心を持っている市場でも構いません。あるいは、将来進みたいと思っている分野でもよいでしょう。本書を通じてあなたが考えたことに照らして、その市場は質が高いと言えるでしょうか。科学や技術を豊かさへと上手につないでいるでしょうか。もし、うまくつないでいないと感じたら、それは何が問題でしょうか。パイプを詰まらせている原因を探して、その問題を解決する方法を考えてみてください。

ヒントは本書のなかに詰まっています。たとえば、迂回すること。想像すること。人を育てること。きっと、社会を見る目が変わるはずです。

あとがき

西阪　昇
（京都大学理事・副学長）

溝端佐登史
（京都大学経済研究所所長・教授）

柴田章久
（京都大学経済研究所教授、共同利用・共同研究拠点支援室長）

西阪昇　京都大学理事・副学長

時代や社会が変化するなかで、大学には常に社会から強い関心と期待が寄せられています。京都大学も、社会の期待に応えるべく、京都大学が持つ強み、特色を最大限に活かすような大学改革に継続的に取り組んでいます。たとえば、二〇〇九年には、世界トップレベルの研究者として次世代を担う優秀な若手研究者を支援するために、白眉プロジェクトを立ち上げ、優秀な若手研究者を積極的に支援しています。

さらに、京都大学は、最近では、スーパー・グローバル・ユニバーシティに応募し、「京都大学ジャパンゲートウェイ構想」の実現に向け取り組んでいます。そして、構想の実現を通して、世界大学ランキング・トップ10を目指しています。非常に野心的な目標だと読者の皆様は感じるかもしれませんが、本書にこの目標達成のためのヒントが多く示されていると考えています。

本書のもととなるシンポジウムを主催した経済研究所も、研究所が持つ強みを活かして、他大学では例を見ないユニークな官学連携を推進しています。具体的には、二〇〇五年に先端政策分析研究センターを研究所内に附置し、財務省や環境省などの政策関係機関から任期つき教員を五名採用しています。そして、派遣された教員は、政策の企画立案に携わってきた経験を活かしつつ、同時に、研究所が擁する最先端の経済学を専門とする専任教員の指導のもとで、理論と実証に裏づけられた政策研究と政策提言に取り組んでいます。今後も、京都大学が世界のトップ10大学を目指すなかで、経済研究所、さらには先端政策分析研究センターの活躍に期待したいと思います。

なお、本書は、二〇一四年二月から七月まで六回にわたって開催されたシンポジウムシリーズ「明るく楽しい少子高齢化社会の道筋」をもとにまとめられたものです。シンポジウムの開催にあたっては、学内の研究者のみならず、学外の多くの有識者にご講演をお願いしました。また、京都市民の皆様をはじめ、多くの皆様にシンポジウムにお越しいただきました。この場を借りて、お礼申し上げます。

溝端佐登史　京都大学経済研究所所長・教授

シンポジウムを主催した京都大学経済研究所は、創立以来半世紀が経過するなかで、理論経済学と計量経済学を中心として、経済学の発展に先導的役割を果たしてきました。今回の連続シンポジウムを企画した研究プロジェクト「経済危機と社会インフラの複雑系分析」のプロジェクトリーダーである矢野誠教授が提示する「市場の質理論」は、まさに、世界に向けて発信する京都発の経済学です。

本書を踏まえると、経済学にとどまらず、法学や社会学など人文社会科学全体の連携、さらには、文理の壁を取り壊した協力関係の構築などが喫緊の課題と受け止めています。今後、経済研究所では、先述した研究所の強みをいかしながら、人文社会科学の分野、さらには理系の豊富な研究資源と連携しながら、「ニーズからシーズへ」をキーワードに、人文社会科学データの設計・構築・蓄積・提供に取り組み、エビデンス・ベースの研究教育基盤を確立することを検討していく必要があると考えています。そして、このような取り組みは、データ設計などを通じた先端的研究人材養成につながると考えています。

本書、さらに、本書のもととなる一連のシンポジウムは、研究所関係者のみならず、政策の企画立案に携わっている政策関係者、経済学などの専門家、京都大学の強みである生命科学や霊長類などの最前線の研究者、京都大学の研究教育の運営に携わっている執行部など、多くの方々に支えられております。あらためて、この場を借りてお礼申し上げます。

柴田章久　京都大学経済研究所教授、共同利用・共同研究拠点支援室長

京都大学経済研究所は創立以来、国際的にも高く評価される研究成果を積み上げてきました。その結果、本研究所は経済理論の研究拠点として広く内外に認知されるに至りました。本研究所の特色は複雑系経済学、ゲーム理論、計量経済学などを内容とする先端的な経済理論を中心に据えて世界レベルでの研究を行っている点にあります。同時に、現実経済への経済学の応用のための研究（政策研究、戦略研究）を通じて、広く社会に貢献していくことにも力を注いでいます。なお、二〇一〇年度には、共同利用・共同研究拠点「先端経済理論の国際的共同研究拠点」として文部科学大臣より認定を受けました。

近年には、「市場の質」理論の研究成果を踏まえ、共同利用・共同研究拠点における共同研究プロジェクトの公募にあたってのメインテーマを「経済危機と災害復興」と設定し、市場の質研究のいっそうの深化を図っています。また、これらの活動への大学院生や博士号取得者の参加を促すことを通じて、当該分野に取り組む若手研究者の養成にも力を入れています。さらに、本書で指摘されているエビデンス・ベースの政策研究も、今後、経済研究所のハブ機能を拡充させる際に、重要な視点であると考えています。

共同利用・共同研究拠点として社会に向けて最新の成果および政策提言を発信することの重要性に鑑み、本書のベースとなるシンポジウムシリーズを共催してきました。シンポジウムのなかで、本拠点の共同研究者や他の経済学系の共同利用・共同研究拠点の研究者を講演者としてお招きしました。紙面を借りて、お礼申し上げます。

京都大学経済研究所関連シンポジウム　登壇者一覧

（各登壇者の所属・肩書きはシンポジウム当時のものです）

＜京都大学経済研究所シンポジウム＞

■「明るく楽しい少子高齢化社会への筋道」シリーズ

第１回　豊かさを実現するための科学技術と経済運営
――少子高齢化社会に直面する日本の挑戦

（2014年2月15日）

挨拶　西阪昇（京都大学理事、副学長）

課題の提示「市場高質化とイノベーション――楽しい高齢化社会を築くための方策」

矢野誠（京都大学経済研究所教授、附属先端政策分析研究センター長）

基調講演

1「高齢化社会と年金、医療――素朴な試算」

中澤正彦（京都大学経済研究所附属先端政策分析研究センター准教授）

2「世界で最もイノベーションに適した国を目指して」

倉持隆雄（内閣府政策統括官（科学技術政策・イノベーション担当））

3「豊かな社会を支える政策運営と政府のガバナンス」

浜野潤（株式会社電通顧問、元内閣府事務次官）

パネル討論「日本の課題と経済運営・政策の在り方」

司会　佐藤正弘（京都大学経済研究所附属先端政策分析研究センター准教授）

パネリスト

浜野潤

倉持隆雄

出井文男（神戸大学大学院経営学研究科教授）

矢野誠

中澤正彦

第２回　政策研究のフロンティア
――理論と実証に基づく政策の確立に向けて

（2014 年 3 月 8 日）

基調講演 1「隠れた教育カリキュラムと経済的価値観」

大竹文雄（大阪大学理事・副学長、同大学社会経済研究所教授）

基調講演 2「日本経済における中小企業政策」

後藤康雄（三菱総研チーフエコノミスト）

研究報告

「政策のイノベーション――モデルと指標に基づく社会の処方箋とは」

佐分利応貴（京都大学経済研究所附属先端政策分析研究センター准教授）

「デフレーションと経済政策の役割」

中澤正彦（京都大学経済研究所附属先端政策分析研究センター准教授）

「どのような法人税改革が必要か」

鈴木将覚（京都大学経済研究所附属先端政策分析研究センター准教授）

「気候変動と巨大人口の時代における新たな水利用の在り方」

佐藤正弘（京都大学経済研究所附属先端政策分析研究センター准教授）

「家庭向け低炭素機器普及のための環境経済政策の展開」

大森恵子（京都大学経済研究所附属先端政策分析研究センター准教授）

第３回　理論と実証に基づく政策の確立に向けて
――国際機関の現場から

（2014 年 3 月 29 日）

課題の提示「エビデンスポリシーの確立に向けて」

矢野誠（京都大学経済研究所教授、附属先端政策分析研究センター長）

基調報告 1「IMF の役割――財政に関するサーベイランス」

上田淳二（国際通貨基金（IMF）財政局審議役）

基調報告 2「構造改革の世界的潮流――OECD による構造政策勧告」

八代尚光（経済協力開発機構（OECD）経済総局構造監査課エコノミスト）

研究報告

「国際機関の調査・分析の活用――ユーザーの立場から」

中澤正彦（京都大学経済研究所附属先端政策分析研究センター准教授）

第４回　科学技術振興と豊かさのためのシステム形成

（2014 年 4 月 19 日）

開会挨拶　西阪昇（京都大学理事・副学長）
課題の提示「豊かな社会と市場の役割」
　　　　矢野誠（京都大学経済研究所教授、附属先端政策分析研究センター長）

基調講演 1「エビデンス・ベースの科学技術政策にむけて
　　　　　　——その経済学の役割について」
黒田昌裕（独立行政法人科学技術振興機構研究開発戦略センター上席フェロー、
慶應義塾大学名誉教授）

基調講演 2「医学イノベーションと社会」
松岡雅雄（京都大学ウイルス研究所教授）

基調講演 3「『世界で最もイノベーションに適した国』に向けて——その実践」
川上伸昭（文部科学省科学技術・学術政策局長）

パネル討論「豊かなイノベーション社会に向けて」
司会　中澤正彦（京都大学経済研究所附属先端政策分析研究センター准教授）
パネリスト
　黒田昌裕
　川上伸昭
　松岡雅雄
　溝端佐登史（京都大学経済研究所所長）
　矢野誠

第５回　科学技術振興と経済活性化にむけた大学教育の役割

（2014 年 6 月 21 日）

開会挨拶・課題の提示「教育と市場の質」
　　　矢野誠（京都大学経済研究所教授、附属先端政策分析研究センター長）

パネル討論
　司会　中澤正彦（京都大学経済研究所附属先端政策分析研究センター准教授）

講演 1「科学技術イノベーションは社会科学に何を求めているか？」
青木玲子（一橋大学経済研究所教授、付属図書館館長、前総合科学技術会議議員）

講演 2「世界で最もイノベーションに適した国に向けて
　　　——学術研究と人文社会系への期待」
板倉康洋（内閣府日本医療研究開発機構担当室参事官（文部科学省大臣官房付）、
前研究振興局振興企画課長）

講演 3「京都大学における研究推進」
　吉川潔（京都大学理事・副学長、京都大学名誉教授）

第６回　総括（2014 年 7 月 14 日）

特別講演「想像するちから——チンパンジーが教えてくれた人間の心」
松沢哲郎（京都大学霊長類研究所教授）

挨拶・総括「シンポジウム・シリーズ総括、市場の質」
　　　矢野誠（京都大学経済研究所教授、附属先端政策分析研究センター長）

■ 22 世紀に向けた政策課題と大学の役割——京都からの発信

（2014 年 12 月 13 日）

開会挨拶と CAPS の紹介　溝端佐登史（京都大学経済研究所所長）

講演 1「財政金融政策の軌跡と将来の展望——この 10 年を振り返って」
木下康司（前財務省事務次官、コロンビア大学客員研究員）

講演 2「『国土のグランドデザイン 2050』と新しい国土形成計画の策定」
本東信（国土交通省国土政策局長）
講演 3「科学技術外交と大学の役割」　山極壽一（京都大学総長）
講演 4「グローバル化と知識創造時代における政策課題」
藤田昌久（経済産業研究所所長、甲南大学特別客員教授、
京都大学経済研究所特任教授）

閉会挨拶　津田敏隆（京都大学生存圏研究所所長、教授）

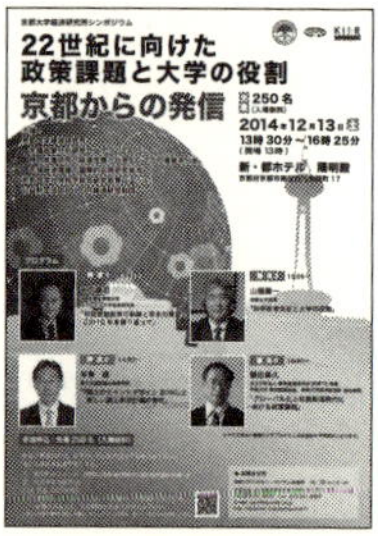

■地球資源と 22 世紀に向けた豊かさの形成

（2015 年 2 月 14 日）

開会挨拶　湊長博（京都大学副学長・理事）

講演 1「来世紀に向けた生存学」 松本 紘（前京都大学総長）
講演 2「22 世紀に向けた地球資源としての水利用」
佐藤正弘（内閣府経済社会総合研究所研究官）
講演 3「『成長の限界』less への挑戦」 土屋定之（文部科学省文部科学審議官）

パネルディスカッション「地球温暖化の影響と対応策」
問題提起
竹本明生（環境省地球環境局研究調査室長 併任：内閣府宇宙戦略室参事官）

司会　東條純士（京都大学経済研究所附属先端政策分析研究センター准教授）
パネリスト
植田和弘（京都大学大学院経済学研究科教授）
中北英一（京都大学防災研究所教授）
中野伸一（京都大学生態学研究センター長）
渡辺隆司（京都大学生存圏研究所副所長）

閉会挨拶　津田敏隆（京都大学生存圏研究所所長）

執筆者紹介

（執筆順。所属・肩書きは 2015 年 4 月 1 日現在。シンポジウム当時の所属・肩書きは各話の扉を参照）

矢野 誠（やの　まこと）編者、はしがき、イントロダクション、第 3 話、第 5 話、第 11 話
京都大学経済研究所教授、附属先端政策分析研究センター長

中澤 正彦（なかざわ　まさひこ）編者、はしがき、イントロダクション、第 3 話
京都大学経済研究所附属先端政策分析研究センター教授

松岡 雅雄（まつおか　まさお）第 1 話
京都大学ウイルス研究所教授

青木 玲子（あおき　れいこ）第 2 話
九州大学理事・副学長、一橋大学経済研究所客員教授

浜野 潤（はまの　じゅん）第 4 話
株式会社電通顧問、電通総研上席フェロー、元内閣府事務次官

倉持 隆雄（くらもち　たかお）第 4 話
国立研究開発法人科学技術振興機構研究開発戦略センター・センター長代理

川上 伸昭（かわかみ　のぶあき）第 4 話
文部科学省科学技術・学術政策局長

上田 淳二（うえだ　じゅんじ）第 6 話
国際通貨基金（IMF）財政局審議役

八代 尚光（やしろ　なおみつ）第 7 話
経済協力開発機構（OECD）経済総局構造監査課エコノミスト

黒田 昌裕（くろだ　まさひろ）第 8 話
国立研究開発法人科学技術振興機構研究開発戦略センター上席フェロー、慶應義塾大学名誉教授

板倉 康洋（いたくら　やすひろ）第 9 話
国立研究開発法人日本医療研究開発機構経営企画部長

吉川 潔（よしかわ　きよし）第 9 話
京都大学名誉教授

松沢 哲郎（まつざわ　てつろう）第 10 話
京都大学霊長類研究所教授

出井 文男（でい　ふみお）おわりに
神戸大学名誉教授

西阪 昇（にしさか　のぼる）あとがき
公益財団法人ラグビーワールドカップ 2019 組織委員会事務総長代理

溝端 佐登史（みぞばた　さとし）あとがき
京都大学経済研究所所長・教授

柴田 章久（しばた　あきひさ）あとがき
京都大学経済研究所教授

矢野 誠（やの まこと）
京都大学経済研究所教授、附属先端政策分析研究センター長
1977年東京大学経済学部卒業、81年ロチェスター大学大学院経済学研究科博士課程修了（Ph.D.）、同年コーネル大学経済学部インストラクター、82年同助教授、85年ラトガース大学経済学部助教授、86年横浜国立大学経済学部助教授、94年同教授、96年慶應義塾大学経済学部教授、2007年より京都大学経済研究所教授（2010年4月～2012年3月同所長）。

中澤 正彦（なかざわ まさひこ）
京都大学経済研究所附属先端政策分析研究センター教授
1993年東京大学経済学部卒業、同年大蔵省（現・財務省）入省、96年イェール大学国際開発経済学プログラム修了、2006年大臣官房文書課課長補佐、2007年主計局主計官補佐、2008年大臣官房総合政策課経済分析室長、2009年財務総合政策研究所研究部財政経済計量分析室長、2011年京都大学経済研究所附属先端政策分析研究センター准教授、2014年より現職。

なぜ科学が豊かさにつながらないのか？

2015年5月8日　初版第1刷発行
2015年7月8日　初版第2刷発行

編著者――――矢野誠・中澤正彦
発行者――――坂上　弘
発行所――――慶應義塾大学出版会株式会社
〒108-8346　東京都港区三田2-19-30
TEL〔編集部〕03-3451-0931
〔営業部〕03-3451-3584〈ご注文〉
〃　03-3451-6926
FAX〔営業部〕03-3451-3122
振替　00190-8-155497
URL　http://www.keio-up.co.jp/
装　丁――――鈴木衛
印刷・製本――中央精版印刷株式会社
カバー印刷――株式会社太平印刷社

Printed in Japan　ISBN978-4-7664-2185-9